Schirner Verlag

Barbara Arzmüller

# Die 7 Energien in dir

## DAS WORKBOOK

BRINGE
DYNAMIK,
GEMÜTLICHKEIT,
VIELSEITIGKEIT,
SENSIBILITÄT,
GLANZ, KLARHEIT UND
SOUVERÄNITÄT
IN DEIN LEBEN

Schirner Verlag

ISBN Printausgabe 978-3-8434-1531-6
ISBN E-Book 978-3-8434-6520-5

Barbara Arzmüller:
Die 7 Energien in dir – das Workbook
Bringe Dynamik, Gemütlichkeit, Vielseitigkeit, Sensibilität, Glanz, Klarheit und Souveränität in dein Leben


Umschlag: Anna Katharina Berg & Anna Twele, Schirner, unter Verwendung von #662769103 (©wacomka), www.shutterstock.com
Layout: Anna Katharina Berg, Schirner
Lektorat: Kerstin Noack-Zakel, Schirner
Printed by: Ren Medien GmbH, Germany

www.schirner.com

1. Auflage März 2023

# Inhalt

# Die sieben Energien für ein harmonisches Leben

*Wie innen, so außen.*
*Du bist, wie du wohnst.*
*Zeige mir, wie du lebst, und ich sage dir, wer du bist.*

Sicherlich kennst du diese oder ähnliche Weisheiten, die veranschaulichen, dass das Innen und das Außen direkt zusammenhängen. Es ist doch so: Die meisten Menschen richten ihr Zuhause nach ihrem Gefühl ein. Das heißt, sie wählen ihre Umgebung und ihre Einrichtung aus, weil sie ihnen gefällt. Bei manchen steht im Vordergrund, dass die Möbel gerade dem aktuellen Trend entsprechen. Andere entscheiden sich für Sachen, die sie günstig erwerben können oder geschenkt bekommen. Wieder andere wollen mit der Art ihrer Einrichtung beeindrucken oder provozieren.

Welcher Beweggrund auch immer ihrer Wahl zugrunde lag, sie haben sich für diese und nicht für andere Teile entschieden. Sie haben die Gegenstände, mit denen sie sich umgeben, bewusst oder unbewusst ausgesucht, doch immer drücken sie damit etwas aus. Es ist eben kein Zufall, wie wir unsere Umgebung gestalten. Mit jeder Entscheidung für oder gegen Möbel, Bilder, Vorhänge, Dekoration und Farben strahlen wir aus, wie wir uns fühlen und wie wir sind. Es ist, als würde sich unser Inneres manifestieren. Sich bewusst einzurichten, heißt also, die eigene Persönlichkeit zum Glänzen zu bringen.

Nun ist es jedoch nicht nur so, dass wir die Umgebung gestalten. Das funktioniert nämlich in beide Richtungen. Die Umgebung »gestaltet«, das heißt beeinflusst umgekehrt auch uns. Halten wir uns längere Zeit in einer düsteren Umgebung auf, färbt diese auf unser Gemüt ab. Genauso geschieht es in einer geschmackvollen, lustigen, natürlichen Umgebung.
Weniger Krimskrams um sich zu haben, kann helfen, besser in die eigene Kraft zu kommen und neue Qualitäten in sich zu erkunden, obwohl auch hierbei die Menschen höchst unterschiedlich veranlagt sind. Was auf die einen restlos überladen wirkt, ist für die anderen gerade das richtige Maß an Fülle zum Wohlfühlen.

Den Mechanismus dieser Wechselwirkung zwischen Innen und Außen kannst du nutzen, um bestimmte Qualitäten in dir wachzurufen oder zu verstärken. Die sieben Energien in diesem Buch stehen stellvertretend für die unendlich vielen Möglichkeiten, die in uns angelegt sind.
Um ihre Kraft zu nutzen, ist es von Vorteil, erst einmal die in dir vorherrschende Energie kennenzulernen. Das bedeutet, dass du dich mit deinen bereits vorhandenen Qualitäten – dynamisch, gemütlich, vielseitig, sensibel, glanzvoll, klar oder souverän – vertraut machst.

Darüber hinaus liegen in dir, wie in allen Menschen, aber noch viele andere Neigungen verborgen. Es gibt unzählige Qualitäten und Talente, in verschiedenen Mischungen und Ausprägungen. Jeder Mensch ist einzigartig. Dennoch: Anhand von Mustern lassen sich Ähnlichkeiten feststellen. Damit wird es leichter, eigene Vorlieben zu erkennen. Manches macht neugierig, anderes lehnen wir ab – vielleicht auch, um uns Jahre später doch darum zu kümmern. Jeder Mensch ist schließlich ein Universum, das alles enthält. Vielleicht können wir nicht in jedem Leben alle Möglichkeiten ausschöpfen. Aber wir können doch immerhin so viele Chancen nutzen, wie wir Lust darauf haben. Es macht das Leben reich – an Eindrücken und an Erfahrungen.

Für den Anfang stelle dir nur zwei Fragen: Wie wohnst du? Wie fühlst du dich? Mit »Fühlen« ist nicht der momentane, emotionale Zustand gemeint. Dieser kann schwanken, zum Beispiel, weil gerade ein nerviger Anruf kam oder ein schwieriges Gespräch bevorsteht. Dein »Fühlen« hingegen ist die übergeordnete Gefühlslage, die in deinem Leben aktuell vorherrscht. Dein Inneres kann sich empfindsam und weich anfühlen oder auch forsch und selbstsicher. Du kannst dich überwiegend als sorglos und spontan empfinden oder auch als nachdenklich und kontrolliert. Wenn du das in dir vorherrschende Gefühl näher bestimmt hast, frage dich: Magst du dieses Gefühl? Könnte es besser sein, und sei es in Teilbereichen? Würdest du gern noch weitere Facetten des Seins kennenlernen? Wie auch immer deine Antworten auf diese Fragen ausfallen, lasse dich auf die spannende Reise durch die sieben Energien ein!

Sei dir sicher: Alle Energieformen sind in dir angelegt, wie sie in jedem Menschen verankert sind. Den Zugang dazu freizulegen und diese Kräfte zu nutzen, nützt uns, weil sich damit neue Facetten der Persönlichkeit sowie ungenutzte Talente entdecken lassen. Es hilft, sich aus alten, beschwerlichen Mustern von Herkunft und Erziehung zu befreien. Dabei spielt es keine Rolle, welche Veranlagung wir haben – Zeit zum Entdecken, Sinnieren und Staunen sollten wir uns immer nehmen.

Wie sich die sieben Energien in der Art des Wohnens und Einrichtens entdecken und einsetzen lassen, kannst du ausführlich in meinem Buch »Dein Zuhause als Spiegel deiner Seele« nachlesen. In diesem Buch hingegen soll es darum gehen, die Energien auf spielerische Art kennenzulernen und sie sich damit auf eine ganz einfache Weise zugänglich zu machen. Denn manche Kräfte können eine Aktivierung gut brauchen, ohne dass du deshalb gleich die gesamte Einrichtung veränderst.

Du kannst die Übungen in diesem Buch nutzen, um Talente in dir wachzurufen, die verschüttet waren. Du kannst sie nutzen, um Ziele zu erreichen, für die du genau diese spezielle Energieform brauchst. Du kannst sie nutzen, um dich selbst wiederzufinden. Du kannst sie auch nutzen, um deine Lieblingsenergie besser kennenzulernen. Für jedes Anliegen findest du die passende Übung – etwa zur **Aktivierung** oder zum **Ausbalancieren** der Energie und zur **Entspannung**, oder du nutzt die **Glücksübung** für schnelle Erfolge. Die sieben Energien zeigen sich aber auch in unterschiedlichen Vorlieben in Bezug auf das, was der Mensch zu brauchen glaubt und was nicht. Das kann sich in der Einrichtung zeigen, genauso aber in Verhaltensweisen. Die zugrunde liegenden blockierenden Muster lassen sich ganz individuell loslassen. Je eine passende **Loslassübung** findest du daher für alle sieben Energien. Denn die äußere Ordnung hat immer auch mit der inneren Ordnung zu tun – wie eben alles auf der Welt eine Entsprechung in unserem Inneren findet.

Wie viele Übungen du ausprobierst, bleibt natürlich dir überlassen. Danach kannst du dann in aller Ruhe entscheiden, ob du mehr machen möchtest und die Farben, Materialien und Möbel in deiner Wohnung der gewählten Energie entsprechend anpassen willst. Nutze dafür gern die zahlreichen Anregungen aus »Dein Zuhause als Spiegel deiner Seele«, oder lasse dich von den zusätzlichen **Impulsen** inspirieren, die ich am Ende jedes Kapitels zu den Energien für dich zusammengestellt habe.

Unterschiedliche Energieformen kennenzulernen und mehr Vielfalt zuzulassen, ist im Übrigen nicht nur gut für dich selbst, sondern auch für andere Menschen – diese nämlich werden sich durch deine eigene Entwicklung angeregt fühlen, sich auch selbst auf den Weg zu machen. Nicht zuletzt ist diese Art der Energiearbeit gut für die Erde. Denn wenn alle ihre Talente leben, gehen in der Welt viele Lichter auf.

# Zeit für dich – das Ziel aller Übungen

Menschen, die ihr Inneres sorgfältig pflegen, haben eine helle, freundliche Ausstrahlung. Ihre innere Ordnung wirkt nach außen. Ihre Gegenwart fühlt sich gut an. Deshalb ist es auch so wertvoll, Konflikte und Belastungen zu klären. Wer sein inneres Gleichgewicht gefunden hat, bleibt gelassen und stabil, auch wenn außen Stürme toben, und wird im nächsten Schritt ganz selbstverständlich achtsam mit anderen Wesen und der ganzen Erde umgehen. Das ist der große Sinn hinter allen Übungen und jeder persönlichen Weiterentwicklung.

Von dieser Gelassenheit sind die meisten Menschen ein gutes Stück entfernt. Nicht, dass sie nicht friedlich und glücklich leben wollten. Aber sie haben einfach keine Zeit dazu, zu sehr stehen sie unter Druck. Meist sind nicht nur die Arbeitszeiten, sondern auch die Feierabende und Wochenenden durchgetaktet. Natürlich ist es großartig, ein Projekt auf die Beine zu stellen und dabei Durchhaltevermögen und Leistungsfähigkeit zu beweisen. Es ist auch toll, Sport zu machen und etwas mit Freunden zu erleben. Doch schnell laden wir uns zu viel auf – und schon kommt Stress auf. So richtig reibungslos läuft es dann weder in der Arbeit noch in der Freizeit. Sind die Anforderungen zu hoch und die Aktivitäten zu viele, nervt plötzlich dieses und blockiert jenes – mit dem Effekt, dass die gute Energie einfach verpufft. So wird auch eine eigentlich interessante Arbeit zur Last, und der Sport, der Entspannung bringen sollte, zur ungeliebten Pflichtübung. Warum aber fällt es vielen von uns so schwer, sich zu erlauben, einfach einmal nichts zu tun und das Dasein entspannt von seiner heiteren Seite zu sehen?

Fakt ist, sich ausschließlich mit Nützlichem und Sinnvollem zu beschäftigen, reicht nicht. Der ernsthafte Wesensanteil in uns, der innere Erwachsene, ist mit der Pflichterfüllung vielleicht noch zufrieden, doch unser verspielter Wesensanteil, das Innere Kind, beginnt zu rebellieren, wenn die gemütlichen und fröhlichen Aspekte untergehen. Und das passiert in einem normalen Alltag viel zu oft. Es ist Zeit, das zu ändern!

Spielfreude zu empfinden, neugierig zu sein, Rätsel zu lösen – all das ist wunderbar und wichtig. Auch und gerade, wenn man erwachsen ist! So viel Zeit verwenden wir darauf, unseren Alltag zu organisieren, zu arbeiten und auch uns Sorgen zu machen. Die Zeit, in der wir unbekümmert und frei sind, ist oft viel zu kurz bemessen. Dabei braucht es dringend ein ausgewogenes Verhältnis zwischen Aufgaben und unverplanter Zeit. Gerade die Freiheit, Dinge aus dem Augenblick heraus gestalten zu können, ohne Plan und ohne Druck, ist unglaublich bereichernd.

Viele Menschen meinen, sie könnten beim Nichtstun nicht entspannen, sondern würden nur an unerledigte Pflichten denken wie Bad putzen, aufräumen, Steuererklärung machen und Ähnliches. Ja, mag sein, dass sich diese Dinge nur allzu gern vordrängen. Doch solche Anwandlungen gilt es energisch beiseitezuschieben mit der festen Überzeugung: Es gibt eine Zeit des Arbeitens und eine Zeit des Ruhens – und wenn letztere mitten am Tag ist.
Andere meinen, sie hätten keine Ideen für die Gestaltung ihrer freien Zeit und würden sich beim Nichtstun nur langweilen. Auch das kann es geben, doch ist dies oftmals auch nur ein Zeichen der Überlastung. Der Alltag hat uns dann so fest im Griff, dass kein Raum mehr bleibt für kreative Gestaltung. Da hilft nur, sich trotz allem Zeit zu nehmen und abzuwarten. Die Ideen kommen mit der Zeit wieder. Sobald der Druck des Funktionieren-Müssens sich gelegt hat, tauchen aus den Tiefen der Seele Wünsche und Sehnsüchte auf. Sie zeigen sich, wenn sie spüren, dass der Mensch bereit ist, sie wahrzunehmen.

Wir brauchen also Zeit, freie Zeit, in der die Gedanken fliegen können und die Fantasie erwachen kann. Denn ein rundum harmonisches Leben braucht beides, das Notwendige und das Schöne. Mit einem allein fühlt es sich unvollständig an. Ein maurisches Sprichwort bringt es auf den Punkt: *»Hast du zwei Silbermünzen, so kaufe dir mit der einen Brot für den Magen und mit der anderen Hyazinthen für die Seele.«* Dieses Buch enthält beides – wobei die Hyazinthen überwiegen, weil davon im Leben oft zu wenige zu finden sind. Es ist also ein bisschen Wissen dabei, um den inneren Erwachsenen anzuregen, und es ist ganz viel Leichtes und Spielerisches dabei, um das Innere Kind zu erfreuen.

Unsere wichtigsten Gestirne am Himmel, Sonne und Mond, machen die Realität und Notwendigkeit dieses Ausgleichs ebenfalls deutlich. Interessant ist, dass beide Himmelskörper von der Erde aus gesehen gleich groß erscheinen. In der Astrologie wird ihre Wirkung auf die Erde daher als gleich wichtig angesehen: Die Sonne symbolisiert den Wesenskern und die Bedeutung, die wir im Leben erlangen. Mit der Entwicklung der Sonne können wir unsere Anlagen zum Leuchten bringen. Der Mond steht für das Fühlen, für die Seele und das Kind, auch das Innere Kind. Er ist der Part, der uns das Bedürfnis nach Geborgenheit, Wärme und Zugehörigkeit gibt. Werden beide Kräfte gleichwertig gewürdigt und gelebt, fühlt sich das Leben harmonisch und rund an.

# Los geht´s!

Schaue dir nun die sieben Energien in der Übersicht (S. 16 und 17) an. Welche Themen und Begriffe machen dich neugierig? Worüber würdest du gern mehr erfahren? Spüre, wo es dich hinzieht. Hier fängst du an. Suche dir die Energie aus, bei der es am meisten in dir kribbelt. Falls du direkt mehr erfahren möchtest, findest du in diesem Buch zu jeder Energie ein einleitendes Kapitel mit Wissenswertem zu ihrem Charakter, zu Einrichtungsvorlieben und zu ihrem harmonischen und unharmonischen Zustand.

Wenn du die für dich passende Energie gefunden hast, probiere die Übung aus, die dich am meisten anspricht. Du kannst dich dafür am Übungstitel orientieren oder sie nach der Wirkung auswählen:

**Aktivierungsübung**

**Balanceübung**

**Entspannungsübung**

**Loslassübung**

**Glücksübung**

Die einfachen und spielerischen Übungen in diesem Buch sind dazu gedacht, dich sehr schnell in Kontakt mit der Essenz dieser Energie zu bringen. Beim Spielen wird das Innere Kind hellwach, und der Zugang zur unbewussten Ebene wird frei. Daher kann gerade das Leichte dazu beitragen, innere Blockaden aufzulösen und Freude einströmen zu lassen.

Zudem tut diese wirklich freie Zeit, in der wir die Gedanken fliegen lassen und den Gefühlen nachhängen können, der Seele einfach gut. Eine tiefe Entspannung breitet sich aus, und alles, was gerade noch ein Problem war, erscheint weniger wichtig und lösbar. Die innere Zuversicht ist wieder da, mit allem fertig zu werden.

Viel Freude beim Entdecken!

# Die sieben Energien

## Die dynamische Energie

- Aktivitäten, Tatendrang, Improvisation, Pioniergeist, Willenskraft, Robustheit, Dynamik
- Blockhaus, Eigenbau, Holz, Stein, Wildnis, viel Platz, einfache und selbst gebaute Möbel
- Küche
- einfach, wuchtig, ursprünglich, naturbelassen, sportlich
- Rot und Magenta

## Die gemütliche Energie

- Natürlichkeit, Gelassenheit, Freundlichkeit, Entspannung, Schönheit, Freude, Gemütlichkeit
- Haus mit Garten, abgetönte Wände, feine Hölzer, gute Verarbeitung, Muster, viele Dekorationen
- Esszimmer
- schön und praktisch, geschmackvoll, familienfreundlich, gediegen, elegant, künstlerisch
- Grün und Rosa

## Die vielseitige Energie

- Frohsinn, Offenheit, Leichtigkeit, Lebendigkeit, Beweglichkeit, Erlebnisse, Vielseitigkeit
- Wohnung, Appartement, Balkon, Kräuter, Stadt, Aluminium, Stahl, Kunststoffe, Naturholz
- Arbeitszimmer
- praktisch, modern, technisch, witzig, schnell, luftig, hell
- Gelb und Grau

## Die sensible Energie

- Gefühl, Empfindsamkeit, Fantasie, Romantik, Spiritualität, Liebe, Sensibilität
- Altbau, Bauernhof, Nutzgarten, Blumen, alte Möbel, Erinnerungen, Stoffe, Muster, Nippes
- Schlafzimmer
- kinderfreundlich, charmant, dekorativ, liebevoll, sammelfreudig, kreativ, bunt
- Lila und Silber

## Die glanzvolle Energie

- Schöpferkraft, Attraktivität, Reichtum, Pracht, Herzlichkeit, Großzügigkeit, Glanz
- Villa, Park, Palmen, Blüten, Brokatstoffe, Gemälde, Antiquitäten, Designermöbel, große Sofas
- Wohnzimmer
- elegant, wertvoll, gepflegt, groß, verziert, prachtvoll, repräsentativ
- Orange und Gold

## Die klare Energie

- Verlässlichkeit, Einfachheit, Belastbarkeit, Ausdauer, Ehrlichkeit, Ruhe, Stabilität, Klarheit
- Haus, Burg, Klostergarten, Stein, Holz, schwere und strapazierfähige Stoffe
- Bade- und Meditationszimmer
- einfach, geordnet, wertvoll, funktionell, regelmäßig, klar, streng, sachlich
- Schwarz und Weiß

## Die souveräne Energie

- Weltoffenheit, Toleranz, Ideenreichtum, Eigenwilligkeit, Freiheit, Neuerungen, Souveränität
- Penthouse, Wolkenkratzer, Dachterrasse, Stahl, Glas, Beton, Technik, große Räume
- Bibliothek und Salon
- originell, witzig, modern, pulsierend, eigenwillig, trendig, edel, vielfältig, gepflegt
- Blau und Violett

# Die 7 Energien

# Die dynamische Energie

## Der Charakter

Für ihre lustigen Ideen und spontanen Einfälle sind Menschen mit ausgeprägter dynamischer Energie bekannt. Impulsiv, ehrlich und direkt äußern sie ihre Meinung und ihre Gefühle. Abenteuer suchen und finden sie. Gefahren schrecken sie nicht ab, sondern sie verstehen sie als willkommene Herausforderung. Dass sie den Bogen dabei zuweilen überspannen, liegt in ihrer Natur.

Menschen mit dynamischer Energie riskieren viel. Konflikten gehen sie nicht aus dem Weg. Mit großer Leidenschaft setzen sie sich für Unabhängigkeit und Selbstbestimmung ein. Sie lieben und brauchen ganz unterschiedliche Aktivitäten, denn diese halten sie frisch und wach. Wer sich auf diese Kraft einlässt, kann mit einem Zuwachs an Unternehmungsdrang rechnen. Die dynamische Energie macht mutig, wehrhaft und unglaublich tatendurstig.

## Die Einrichtung

In der Art ihrer Einrichtung zeigen Menschen mit dynamischer Energie, dass sie das Einfache lieben. Ein naturbelassener Holz- oder Steinboden passt besser zu ihnen als fein lackiertes Parkett und edle Fliesen. Sie improvisieren gern, daher können sie auch gut in unfertigen Räumen leben. Es regt sie dazu an, sich immer etwas Neues auszudenken. Klare Farben passen zu ihnen. Oft wählen sie Weiß und Schwarz, dazu setzen sie Akzente in leuchtendem Rot oder Magenta. Auch Sportgeräte finden Platz in ihrem Zuhause, drücken sie doch einen starken Bewegungsdrang aus.

## Die Wirkung

Übertreiben Menschen ihren Anteil an dynamischer Energie, macht sie das tollkühn und unstet. Sie werden rechthaberisch, streitsüchtig und aggressiv. Haben sie diese Energie blockiert, kommen sie nicht richtig in die Gänge. Sie haben vielleicht noch Ideen, scheitern aber an der Umsetzung. Jedes Hindernis wirkt wie ein unüberwindlicher Berg. Oftmals kreisen sie nur noch um ein Thema und sehen keinen Ausweg mehr.

Leben sie die dynamische Energie harmonisch aus, finden sie immer die richtige Handlung zur richtigen Zeit. Schlagfertigkeit und Abenteuerlust sprudeln. Menschen mit einem ausgewogenen dynamischen Energiepotenzial tun der Erde gut, denn sie haben keine Angst vor Veränderungen und Neuordnungen. Sie erkennen, was wo zu tun ist, und packen tatkräftig an.

## Aktivierungsübung:
# Die Krafttiersuche

Eine wirksame Methode zur Aktivierung und Stärkung der dynamischen Energie ist es, über Krafttiere für Seelenschutz zu sorgen. Stress und Sorgen haben es so an sich, dass sie auch Menschen befallen, die durch ihre aktive Art davor gefeit schienen. Das heißt, auch bei ihnen können sich die Herausforderungen plötzlich haushoch auftürmen mit dem Effekt, dass sich ihre Gedanken nur noch auf die belastenden Themen fixieren und ihr Tatendrang auf der Strecke bleibt.

Auch wer eher zufällig in die Welt der Düsternis geraten ist, sollte schleunigst einen Ausweg finden. Um Probleme zu kreisen, hat offenbar etwas Verlockendes, sonst würden dieser Beschäftigung nicht so viele Menschen nachgehen. Doch daraus kann unversehens ein Dauerzustand werden, und der fühlt sich nicht gut an.
Einen Vorteil bringt hier die dynamische Energie mit – es ist die Fähigkeit, den Dingen auf den Grund zu gehen. Haben wir diese Energie aktiviert, haben wir keine Angst mehr, etwas Unangenehmes aufzudecken, sondern tauchen mit großer Konsequenz und Zielstrebigkeit in die Tiefe ab.

Es erfordert eine Menge Mut, sich dem zu stellen, was andere gewöhnlich unter den Teppich kehren oder in ihren seelischen Kellerverliesen vergraben. Denn in der Regel sind es ja die Probleme, die hier landen, und nicht die heiteren Erlebnisse. So besteht die Gefahr, beim Schürfen in der Tiefe in der düsteren Welt hängen zu bleiben, anstatt die Dinge klären zu können. Daher empfiehlt es sich, nicht ohne Seelenschutz in die Abgründe abzutauchen. Licht in die Aura zu ziehen, ist eine gute Voraussetzung, um die Reise in die Schattenwelt anzutreten. Auch der Schutz von Symbolen, Schilden oder Engeln lässt sich nutzen. Oder du lässt dich von Krafttieren begleiten – ein bewährtes Vorgehen von Schamaninnen und Schamanen aus aller Welt.

Mit Krafttieren sind keine realen Tiere gemeint, sondern solche, die uns in unserer Vorstellung mit ihren besonderen Eigenschaften zur Seite stehen. Die traditionelle Methode ist, sich während einer Trommel-Meditation auf Krafttiersuche zu begeben. Das lässt sich lernen. Anleitungen dazu gibt es in Fachbüchern, auf CDs, im Internet oder in speziellen Kursen. Du kannst diesen Schritt auch vereinfachen, indem du das Tier zu deinem Krafttier ernennst, das dir spontan in den Sinn kommt. Das entspricht nicht ganz den überlieferten Regeln, funktioniert aber sehr gut. Es ist nämlich auch in der schamanischen Tradition nicht verboten, mit Intuition und Verstand neue Wege zu probieren.

## So findest du dein Krafttier

Gehe die nachfolgende Tabelle mit den aufgelisteten Krafttieren durch. Welches spricht dich an, wo bleibt dein Blick hängen, bei welchem taucht ein lebendiges Bild vor deinem inneren Auge auf? Suche dir ein Krafttier aus, von dem du dich in der nächsten Zeit auf deinen Wegen begleiten lassen möchtest.

Wähle dein Tier intuitiv oder mit dem Verstand, ganz so, wie es dir entspricht. Vielleicht spürst du auch ein Tier, das nicht in dieser Auflistung enthalten ist. Nimm es an, wenn du das stärkste Gefühl zu ihm hast, und mache es nicht zu kompliziert. Du machst nichts falsch, wenn du heute das eine Krafttier wählst und morgen ein anderes. Mit der Zeit findest du heraus, ob ein bestimmtes Tier häufiger auftaucht. Du wirst sehen, wie gern die Krafttiere bereitstehen.

Es ist, als würden sie nur darauf warten, endlich gesehen zu werden und uns beistehen zu dürfen.

| | |
|---|---|
| **Adler** | Weitblick, Überblick |
| **Bär** | Kraft, Entschiedenheit |
| **Delfin** | Freundlichkeit, Freude |
| **Elefant** | Ruhe, Größe |
| **Eule** | Weisheit, Ideen |
| **Fuchs** | Schlauheit, Kreativität |
| **Hase** | Schnelligkeit, Intuition |
| **Hirsch** | Vision, Transformation |
| **Löwe** | Macht, Autorität |
| **Pfau** | Stolz, Schönheit |
| **Pferd** | Lebhaftigkeit, Unternehmungslust |
| **Schildkröte** | Vertrauen, Erdung |
| **Schlange** | Schöpferkraft, Veränderung |
| **Tiger** | Wildheit, Geschmeidigkeit |
| **Wal** | Erinnerung, Tiefe |
| **Wolf** | Wehrhaftigkeit, Instinkte |

Wenn du dich entschieden hast, ernenne das Tier feierlich zu deinem aktuellen Krafttier. Begrüße es, heiße es willkommen. Lerne auch dessen Fußabdrücke kennen, zeichne diese nach, und male sie aus!
Mache dich mit deinem gewählten Krafttier vertraut. Welche seiner Eigenschaften brauchst du gerade? Wobei könnte es dich unterstützen? Meist haben Krafttiere die Eigenschaften, die ihnen redensartlich zugeschrieben werden, wie »schlauer Fuchs« und »weise Eule«. Daneben gibt es auch noch andere Zuordnungen, etwa aus der Mythologie. Lasse auch diese auf dich wirken – oder finde eigene Assoziationen, wenn diese aus deiner Sicht bes-

ser passen. Manchmal spielen die traditionellen Eigenschaften eine untergeordnete Rolle. Frage dein Krafttier daher ruhig einmal in einem inneren Zwiegespräch, ob es eine besondere Botschaft für dich persönlich hat.

Mit einem Krafttier an der Seite wird sogar das Abtauchen in Problemfelder leicht. Nimm dein Krafttier in deiner Vorstellung mit, wenn du dich einem schwierigen Thema zuwendest, das dich ins Grübeln bringt und infolge dessen in eine düstere Stimmung führt. Es kann dir helfen, die Ursache für den Sumpf zu erkennen und diesen damit auszutrocknen. Und auch wenn sich nicht jedes Problem damit wie durch Zauberhand klärt und löst, so bietet das Krafttier doch einen guten Schutz und hilft, nicht in den Belastungen hängen zu bleiben, sondern sich auch wieder den schönen, lustigen, freudigen Themen zuzuwenden. Denn die Energie von Krafttieren ist vital und unvergleichlich mitreißend.

Und noch etwas wird dir Freude machen und die dynamische Energie in dir wecken: Die schamanische Überlieferung sagt, dass unser Unterbewusstsein die Krafttiere von anderen Menschen wahrnimmt. Verwende diese Erkenntnis für dich, und stelle dir vor, wie dein Krafttier herrlich lebendig an deiner Seite schreitet, schwimmt oder fliegt. Dann achte darauf, wie sich dein Auftreten und die Reaktionen deiner Mitmenschen verändern, wenn du mit deinem virtuellen Bären, Delfin oder Adler auftauchst!

# Balanceübung: »Krieger« oder »Held«

Sehr gut lassen sich disharmonische Kräfte im Menschen über Yogaübungen ausbalancieren. Yoga ist eine alte Kunst, die Körper, Seele und Geist in Einklang bringt. Ihr zugrunde liegt eine Philosophie, die das Leben freundlich von einer höheren Warte aus betrachtet. Als friedlich und sanft sind die körperlichen Übungen des Hatha-Yoga bekannt – dahinter steckt aber eine gewaltige Kraft. Yoga fördert zugleich die Beweglichkeit und die Stabilität, sowohl auf den Körper bezogen als auch auf Geist und Seele. In der westlichen Welt ist das Hatha-Yoga weit verbreitet, das sich vorwiegend auf Atmung und Körperübungen konzentriert. Dies spricht auch Menschen an, die vorgeben, sich für spirituelle Themen nicht zu interessieren. Doch machen alle Übungen des Yoga die Chakras weit und reinigen die Aura. So wird bei jeder Form von Yoga immer und ganz nebenbei auch eine seelische Entwicklung beginnen.

Perfekt, um die dynamische Energie in Balance zu halten, ist die Yogaübung, die »Krieger« oder auch »Held« genannt wird: *Virabhadrasana.* Dies ist das Sanskritwort für die Kriegerstellung. Das Wort setzt sich zusammen aus *Vira* für »Held« oder »Krieger«, aus *Bhadra* für »Freund« sowie aus *Asana,* was eigentlich »Wurzel« bedeutet und der Beiname fast aller körperlichen Yogaübungen ist. Nebenbei: Auch das Wort *Yoga* stammt aus dem Sanskrit und bedeutet so viel wie »Einheit« oder »Verbundenheit«.

Die Kriegerübung wirkt sich zum einen positiv auf Menschen aus, die ständig in Verteidigungshaltung sind und denen es an Durchsetzungskraft fehlt. Zum anderen aber hilft sie denen, die zu forsch und unüberlegt vorgehen und mit ihrer leidenschaftlichen Aggressivität übertreiben.
Beide Pole sind auch das Thema bei einer nicht ausbalancierten dynamischen Energie. Hier geht es darum, in die Gänge zu kommen und aktiv zu werden, dann aber auch die überschießenden Energien handeln zu können. Die Kraft soll konzentriert gelebt werden. Jeder Mensch sollte selbst bestimmen, wann und wie er seinen Mut und seine Abenteuerlust einsetzen will, aber er sollte kein Getriebener der eigenen Emotionen sein. Das

Geheimnis bei Yoga ist: Es gleicht aus. Der »Krieger« nützt damit sowohl den ungestümen wie auch den übervorsichtigen Menschen. Denn hierbei geht es nicht darum, tatsächliche Angriffe auf andere einzuüben, sondern darum, eine klare, entschiedene Haltung zu trainieren und zum Ausdruck zu bringen.
Der Sinn dieser Yogastellung ist es also, die eigene Kraft zu konzentrieren, um sie dadurch besser wahrzunehmen. Der Krieger ist eine gute Gleichgewichtsübung, die Stärke und Selbstbewusstsein vermittelt, die Begeisterung anfacht und gleichzeitig zu mehr Demut verhilft. Erstere aktivieren die Selbsterhaltungskräfte der hinnehmenden Charaktere, Letzteres besänftigt die zu übertriebener Heftigkeit neigenden Persönlichkeiten. Yoga bringt alle in ihre Mitte und besonders Menschen, die sich ihrer dynamischen Energie annehmen wollen.

Yogaübungen solltest du dir immer von einem Lehrer, einer Lehrerin zeigen lassen, um dir keine Haltungsfehler anzugewöhnen. Die Wirkung auf Körper und Psyche steigt erfahrungsgemäß, wenn die Übungen mit großer Präzision ausgeführt werden. Die folgende Beschreibung ist daher als Auffrischung für Geübte gedacht und als Anregung für Neulinge, doch einmal einen Yogakurs zu besuchen.
Achte bei der Ausführung auf deinen Körper, und gehe immer nur so weit, wie es deine Fitness zulässt. Nach jeder Yogaübung gilt es, sich zu entspannen. Der Rhythmus zwischen Anspannung und Entspannung ist eben in allen Lebensbereichen wichtig.

## Die Yogasequenz

Stehe aufrecht und gerade. Atme tief ein und aus, während du deinen inneren Krieger, deine innere Kriegerin begrüßt. Nun stelle die Beine in eine weite Grätsche. Atme.

Drehe deinen Oberkörper zum rechten Bein, als wolltest du mit diesem Bein losgehen. Drücke dabei die Füße fest in den Boden, und hebe die Arme gerade über den Kopf. Die Finger zeigen nach oben, du schaust nach oben. Atme.

Gehe mit dem vorderen, rechten Bein in die Knie, bis der Oberschenkel parallel zum Boden ist. Das hintere, linke Bein dehnt sich und bleibt gerade. Die Hüften zeigen beide nach vorn. Halte die Stellung ein paar Atemzüge lang.

Dann lasse die erhobenen Arme bis auf Schulterhöhe sinken. Der rechte Arm zeigt nach vorn, der linke Arm zeigt nach hinten, die Handflächen schauen nach unten. Drehe den Oberkörper auf. Schaue nach vorn zu deiner rechten Hand. Atme mehrmals tief ein und aus.

Nimm wieder die Ausgangsstellung ein, und wiederhole die Übung mit der linken Seite. Danach entspanne dich. Lege dich dazu flach auf den Rücken, und lasse den Atem fließen. Nimm dabei wahr, wie sich die positive Kraft deines inneren Kriegers, deiner inneren Kriegerin entfaltet.

# Entspannungsübung:
# Kreative Aktivitäten

Kreatives Tun hilft, die Balance zu finden zwischen Überaktivität und Erstarrung. Die langsame, bedachte Bewegung beruhigt das aufgeregte Gemüt und öffnet den Geist für neue Erfahrungen und frische Gedanken. Die Eingebungen können wieder fließen. Diese Art von entspannten, aber schöpferischen Aktivitäten findest du in diesem Wortfindungsrätsel. Es dient dazu, die dynamische Energie in Harmonie zu bringen.

In den Buchstabenfeldern sind zwölf unterschiedliche Anregungen für kreative Aktivitäten versteckt – von oben nach unten und von links nach rechts zu lesen. Schaue, was dich anspricht. Suche dir unter den ersten drei Begriffen, die dir auffallen, etwas heraus, was du noch heute umsetzen kannst. Genieße das Wählen und das Realisieren.

| R | T | I | L | W | T | R | E | G | F | S | M |
|---|---|---|---|---|---|---|---|---|---|---|---|
| T | S | N | A | X | Z | I | Y | L | M | I | N |
| Q | E | S | C | H | R | E | I | B | E | N | R |
| L | B | P | H | K | O | C | H | E | N | G | E |
| A | T | L | E | P | M | U | R | H | C | E | I |
| U | C | C | N | S | A | E | T | L | H | N | N |
| S | I | M | A | L | E | N | P | X | T | C | I |
| C | D | F | R | T | K | P | D | T | A | K | G |
| H | S | E | G | N | E | N | E | S | N | U | E |
| E | K | S | P | I | E | L | E | N | Z | I | N |
| N | R | U | L | V | Y | I | S | N | E | F | D |
| M | E | D | I | T | I | E | R | E | N | P | N |

Das Lösungsbild zu dieser Übung findest du auf S. 138.

# Loslassübung:
# Feierlich und lustig

Mit dem Loslassen haben Menschen mit dynamischer Energie im Grunde kein Problem. Es hinterlässt bei ihnen keine Leere, sich von Möbeln, Kleidung oder Dekoteilen zu trennen. Allerdings neigen sie dazu, diverse Gegenstände und Bauteile bei sich zu Hause abzustellen, sei es, weil sie gerade keine Zeit finden, einen dauerhaften Platz dafür zu finden, sei es, weil sie daraus eines Tages etwas bauen wollen. Nun stehen all diese Dinge herum. Andere Materialien kommen dazu. Schließlich wohnen sie in einem wahren Durcheinander, das nicht einmal sie selbst noch als kreatives Chaos bezeichnen würden. Ihr innerer Zustand ist ähnlich – zahlreiche Ideen sammeln sich an, doch zum Sortieren und für die Detailplanung und Ausführung fehlen Lust und Zeit.

Ihre Falle ist die Ungeduld. Alles soll schnell gehen, das gilt für das Sortieren im Kopf und für das Ausmisten der Wohnung. Ringen sie sich doch dazu durch, treffen sie ungeduldig und häufig unüberlegt ihre Auswahl und würden am liebsten die ausgesonderten Dinge in den Restmüll werfen. So hätten sie schnell wieder Zeit für Neues. Nachhaltig und zeitgemäß ist dieses Verhalten nicht. Die zwei großen Herausforderungen beim Loslassen bestehen für Menschen mit dynamischer Energie also darin, sich überhaupt der eigenen Sammlung anzunehmen und dann die Dinge vernünftig abzugeben. Sicherlich ist nicht alles schlecht oder unbrauchbar und könnte aufgearbeitet bzw. von anderen Menschen weiterverwendet werden.
Einen kleinen Trick zur Selbstüberlistung gibt es: Das Loslassen fällt leichter, wenn wir uns in eine Art Wettbewerb versetzen. Wie lange brauche ich für diese Schublade, wie lange für die nächste? Schaffe ich es, alle aussortierten Gegenstände so zu verteilen, dass nichts davon im Restmüll landet?

Mache es dir zum Vergnügen, einmal im Monat dein Zuhause von überzähligen Dingen zu befreien. Du wirst sehen: Die Leichtigkeit nimmt zu. Danach wird auch das Sortieren im Kopf leichter. Dazu gilt es, die Befreiung nicht nur äußerlich geschehen zu lassen, sondern auch in dir selbst zu verankern. Denn meist sind es ja nicht nur Gegenstände, sondern auch Verhaltensweisen und Denkmuster, die sich festsetzen und die es zu verabschieden gilt, wenn sie für die aktuelle Lebenswirklichkeit nicht mehr notwendig sind.

## Räucherritual zur geistigen Reinigung

**Für dieses Ritual brauchst du:**

- Papier und Stift
- Räucherwerk deiner Wahl
- Feuerstelle oder Räucherutensilien wie Stövchen, Sand, Räucherkohle und Feder
- Feuerzeug oder Streichhölzer

Ein kleines Ritual unterstützt dich beim Loslassen. Die dynamische Energie hat einen innigen Bezug zum Element Feuer. Damit kannst du arbeiten. Erforsche zunächst, was du an festgefahrenen Einstellungen und störenden Mustern verabschieden möchtest. Lasse deine Gedanken bei einem flotten Spaziergang im Frühlingswind, beim Radfahren oder bei einer Joggingrunde fließen. Danach nimmst du ein kleines Stück Papier und notierst die wichtigsten Stichpunkte aus deiner Bewegungsmeditation. Nun brauchst du Räucherwerk und eine Feuerstelle.
Zum Räuchern eignen sich Zutaten, die bei uns schon in alter Zeit für Schutz- und Reinigungszeremonien verwendet wurden, wie Tanne oder Salbei. In Südamerika wird Palo Santo verräuchert, in Indien Sandelholz, in arabischen Ländern Weihrauch. Probiere, welche Düfte du magst! Sie alle unterstützen auf beste Weise die energetische Reinigung.

Führe dein Ritual an deinem Lagerfeuerplatz im Garten durch, wenn du einen hast. Eine Feuerstelle verbindet dich mit den Urkräften der Menschheit aus einer alten Zeit. Doch auch ein Räucherstövchen erfüllt seinen Zweck. Das kannst du auch leicht selbst bauen. Setze dazu eine feuerfeste Schale auf eine nicht brennbare Unterlage. Fülle die Schale mit Sand, und lege ein Stück Räucherkohle darauf. Diese zündest du an und lässt sie von der Hitze durchglühen. Lege nun dein vorbereitetes Räucherwerk auf die Kohle. Beobachte, wie die getrockneten Hölzer und Harze langsam in Rauch aufgehen und wie sich damit der Geist des Räucherwerks entfaltet. Es ist eine mystische und magische Handlung. Den Rauch fächelst du mit der Hand oder mit einer Feder um deinen Körper, um deine Aura zu klären. Vergiss Kopf und Füße nicht! Schließlich übergibst du deinen Notizzettel und damit symbolisch alle Belastungen der Glut, dem Geist des Elementes Feuer.
Wenn du dann noch einen Neumondtag für dein Räucherritual wählst, hast du die kosmischen Kräfte optimal vereint. Dein Werk wird gelingen. Nach dieser geistigen Befreiung ist das Sortieren und Loslassen von Dingen ein leichtes Unterfangen und kann dir sogar zum Vergnügen werden.

## Glücksübung:

# So viel Schwung

Um dir selbst zu beweisen, wie leicht und beweglich du dich mit der dynamischen Energie fühlst, unternimm etwas. Damit lockerst du nicht nur erstarrte Muskeln, sondern, falls es Reste an verkrampften Denkmustern und verkrusteten Gefühlen gibt, können sich auch diese lösen. Schöner Nebeneffekt: Du verhältst dich anders als gewohnt, also wirst du auch bei deiner Umwelt eine neue Reaktion auslösen. Das bringt dich und andere in Schwung.

Laufe um den Häuserblock. Hüpfe durchs Büro. Tanze auf der Straße. Veranstalte ein Wettrennen mit (deinen) Kindern.

## Impulse für die dynamische Energie

**Sport** als Kraftquelle: Boxen, Triathlon

**Pflanzen** als Freundinnen: Kaktus, Mohnblumen

**Symbol** als Glücksbringer: Ei

**Edelsteine** als Kraftsteine: Granat, Hämatit, Rubin

**Affirmation** zum Motivieren: »Ich nutze die Gunst der Stunde.«

**Heiltees** fürs Wohlbefinden: Arnika, Ingwer

**Glücksfarben** für den Erfolg: Rot, Magenta

**Hobbys** zum Anregen: Campen, Trommeln

**Geschenk** für dich selbst: Rassel

**Duft** für die Seele: Zeder

**Krafttiere** zur spirituellen Begleitung: Tiger, Wolf

# Die gemütliche Energie

## Der Charakter

Sehen, Hören, Riechen, Schmecken, Fühlen: Die gemütliche Energie erschließt sich die Welt über die Sinne. Deren Qualitäten machen das Leben reich. Menschen mit gemütlicher Energie sehen die Erde als eine wunderbare Spielwiese, in der es unendlich viel Schönes zum Genießen gibt. Sie lieben Gewohnheiten und sind auf Besitz ausgerichtet – nicht wegen des Reichtums an sich, sondern wegen der sinnlichen Genüsse, die alles Materielle ermöglicht.

Wer sich mit dieser Energieform verbindet, lernt, mit Bedacht zu denken und zu entscheiden. Das Gewohnte und Vertraute gewinnt an Bedeutung. Menschen mit gemütlicher Energie brauchen Ruhe und Frieden, um sich sicher zu fühlen und um selbstbewusst agieren zu können. Ihre Haltung zum Leben ist durchweg positiv. Sie lieben die Erde und wollen deren Schätze bewahren. Nicht im Traum würden sie daran denken, etwas Schönes auf später zu verschieben.

## Die Einrichtung

Auch am Wohnstil der gemütlichen Energie lässt sich die Lust am Genießen ablesen. Möbel und Dekoration anzuschauen und anzufassen, macht Freude. Duftarrangements verbreiten Wohlgeruch. Schalen mit Obst laden zum Probieren ein. Ein Klangspiel, Musikinstrumente und leise Musik im Hintergrund runden die Atmosphäre ab. Wer »gemütlich« wohnt, umgibt sich mit Materialien aus der Natur, allerdings nicht in der ursprünglichen, rohen Form, sondern künstlerisch verfeinert und aufwendig verziert. Bevorzugte Farben von Menschen der gemütlichen Energie sind alle Holz- und Naturtöne. Als Farbtupfer wählen sie häufig Grün – entweder direkt über Zimmerpflanzen oder auch als Wandfarbe, Vorhang, Kissen oder Decken. Auch Rosa und Hellblau verwenden sie gern.

## Die Wirkung

Lassen Menschen die gemütliche Energie untergehen, kann dies zu Sturheit, Misstrauen und sogar in eine Depression führen. Das Vergnügen an der sinnlichen Wahrnehmung schwindet. Enttäuschung und Einsamkeit machen sich breit.
Wird diese Energie übertrieben gelebt, resultiert daraus häufig ein überzogener Erlebnishunger. Die Freude am Genuss wird zur Sucht.
Den Menschen aber, die diese Kraft harmonisch leben, erscheint die Welt bunt und wertvoll. Sie wissen die Erde zu schätzen und sind mit ganzem Herzen dabei, deren Schönheit und Güter zu schützen. Sie setzen ihre ganze Kreativität und Freude ein, um sie zu erhalten.

# Aktivierungsübung: Wohlfühlwörter sammeln

Die gemütliche Energie birgt viele Talente. Menschen mit dieser Energie lieben neben zahlreichen anderen Dingen den Frieden. Sie tragen eine verständnisvolle Kraft in sich. Sie können zuhören, sind aufmerksam und am Wohlergehen ihrer Mitmenschen interessiert. Sie sind die idealen Vermittler. Die Mitte zu finden, ist ihnen ein Herzensanliegen. Wenn zwei sich streiten und scheinbar unvereinbare Positionen einnehmen, suchen Menschen mit gemütlicher Energie nach Lösung und Einigung. Darin sind sie gut, denn sie finden auch dann noch eine Schnittmenge, wenn es eigentlich keine gibt – in diesem Fall schaffen sie eben eine. Dazu machen sie den Kontrahenten die neue, gemeinsame Position so schmackhaft, dass sich keiner als Verlierer fühlt, sondern sich beide auf der Gewinnerseite wiederfinden. Sie sind also nicht nur diplomatisch, sondern auch kreativ und freundlich.

Dieses freundliche, vermittelnde Denken lässt sich trainieren. Sehr gut eignet sich dazu die Übung »Wohlfühlwörter sammeln«. Sie ist nicht nur ein zuverlässiges Mittel gegen miese Laune, sondern wirkt auch vergnüglich auf Menschen, die sich irgendwann in einer schlechten Phase angewöhnt haben, mehr zu jammern, als ihnen guttut. Wohlfühlwörter heitern auf. Sie schaffen eine Atmosphäre der Leichtigkeit und Freude. Damit wird es fast zur Selbstverständlichkeit, friedlich und freundlich zu fühlen und zu denken.

Suche für diese Übung zu jedem Buchstaben des Alphabets positive Wörter, deine Wohlfühlwörter. Nimm so viele, wie dir gerade einfallen, ganz egal, ob Substantive, Verben oder Adjektive. Dein eigener Name oder die Namen von netten Menschen können auch dabei sein. Du kannst die Übung in Gedanken machen oder dir eine schriftliche Liste von A bis Z anlegen. Mit der Zeit darf deine Sammlung an Wohlfühlwörtern immer länger werden.
In trüben Phasen hilft es, ein bisschen darin zu lesen, um den Geist auf andere Gedanken zu bringen. Die schönen Bilder, die bei diesen Wörtern im Kopf auftauchen, regen die Fantasie an. Sie lassen Möglichkeiten entstehen. Wünsche erwachen – und mit ihnen die Lebensfreude.

**Hier einige Anregungen:**

**A...** Apfel, Anerkennung, Ahnung, Anmut …
**B...** Bedeutung, Blau, beliebt, Badesee …
**C...** Café, Campingurlaub, Champion, Charme …
**D...** Dampfschiff, Dankeschön, Dabeisein, Dichtkunst …
**E....** Engel, Eis, ehrlich, Edelmut …
**F...** Freizeit, Füllhorn, Festtag, Frohsinn …
**G...** Gänseblümchen, Gastfreundschaft, Glaube, Güte …
**H...** Hoffnung, Heiterkeit, Hühnerhof, Hochzeit …
**I...** Idee, Igel, Imbiss, Ideal …
**J...** Jägerlatein, Jugend, Jahrmarkt, Julihitze …
**K...** Klabautermann, Kuchenteig, Kindheit, Kirschbaum …
**L...** Lächeln, Lustschloss, Lautmalerei, Liebe …
**M...** Marienkäfer, Maiglöckchen, Murmeln, Mama …
**N...** Nudelsuppe, Nebelschwaden, Nasenbär, Nüsse …
**O...** Orange, Ostfriesland, Obstsalat, Ohrenschützer …
**P...** Pflaumenmus, Paddelboot, Pony …
**Q...** Quarkkuchen …
**R...** Radtour, Reinheit, Rampenlicht, Rasthaus …
**S...** Segelschiff, Sandstrand, Schulferien, Spielen …
**T...** Tannenzapfen, Traumreise, Tiger, Talisman …
**U...** Uhu, Urlaub, Umarmung, Uferböschung …
**V...** Vogelstimmen, Veilchen, Vollkommenheit, Vorbild …
**W...** Wetterhahn, Weizenfeld, Wissen, Wolldecke …
**X...** Xylofon, Xanten …
**Y...** Yoga, Ylang-Ylang …
**Z...** Zeit, Zärtlichkeit, Zaubernuss, Zimt …

Positive Wörter geben eine positive Lebenseinstellung – und aktivieren damit die gemütliche Energie. Zum Einschlafen ist die Wortfindungsübung ebenfalls gut geeignet. Denn wer kennt das nicht, dass der Gedankenandrang besonders groß ist, sobald man sich zur Ruhe begeben hat? Immer und immer wieder wälzt man die gleichen Sorgen und Fragen. Das ist allerdings nutzlos, denn eine Lösung lässt sich in einem übermüdeten Zustand ohnehin nicht finden. Daher gilt es, aus diesem Hamsterrad der Sorgen auszusteigen und den Geist mit etwas anderem zu füttern, etwas, was Freude macht und einfach nur schön ist. Wähle in der nächsten schlaflosen Nacht einen Buchstaben aus, und finde sieben schöne Wörter mit diesem Anfangsbuchstaben.

Auch tagsüber machen Wohlfühlrituale Freude. Nimm zum Beispiel den Sommer als Grundlage, da er eine Jahreszeit ist, die wegen ihrer Wärme und ihrer prachtvollen Blumen und Früchte geliebt wird. Schreibe das Wort SOMMER auf, indem du die Buchstaben senkrecht untereinandersetzt. Diese bilden nun die Anfangsbuchstaben für deine sommerlichen Wohlfühlwörter. Suche Begriffe, die dich an den Sommer und an all das Schöne erinnern, das du so gern im Sommer erlebst.

Beispiel:

**S...** Süden, Sonnenschein, Spaß
**O...** Ostsee, Olympiade, Ohrwurm
**M...** Meer, Morgensonne, malen
**M...** München, Mumbai, Melbourne
**E...** Eistee, Eiscafé, Extraportion
**R...** Reigen, Rosenduft, romantisch

Führe die Übung auch mit den anderen Jahreszeiten durch – mit dem HERBST, der für seine leuchtenden Farben berühmt ist, mit dem WINTER, der wegen seines klaren Lichts geschätzt wird, und mit dem FRÜHLING, der uns mit seiner lauen Luft und dem Erwachen der Natur erfreut.

Genauso kannst du deinen Namen als Grundlage nehmen und zu jedem Buchstaben eine positive Eigenschaft aufschreiben. Auch gemeinsam mit anderen Menschen macht das Wohlfühlwörter-Sammeln Spaß – mit Freundinnen, Freunden und mit der Familie beim Autofahren, am Lagerfeuer oder beim Wandern. Oder du machst ein Morgenritual daraus und nimmst dir täglich einen anderen Buchstaben als Grundlage für positive Wörter dieses Tages. Es wäre kein Wunder, wenn sich nach drei Wochen dein Denken positiv verändert hat. Dann weißt du, dass der Anteil deiner gemütlichen Energie richtig wach ist und du nun jederzeit darauf zurückgreifen kannst.

## Balanceübung:

# Chakras, Farben und ihre Talente

Um die Welt mit allen Sinnen wahrzunehmen, wie es für die gemütliche Energie charakteristisch ist, und sich der Empfindungen auch bewusst zu werden, dafür braucht es Aufmerksamkeit. Am leichtesten erreichen wir diese in der Entspannung. Farben helfen, diesen Zustand mühelos zu erreichen.

Jeder Farbe sind eine Qualität, ein Gefühl und eine Eigenschaft zugeordnet. Jede Farbe hat ihre eigene Schwingung und Bedeutung. Bestimmt kennst du manche Zuordnungen: »Rot macht aktiv« oder »Grün beruhigt.« Nun gibt es jedoch noch weitaus mehr Farben, und sie alle haben ihre Talente und ihre besonderen Wirkungsweisen. Die gemütliche Energie spricht ganz stark auf Farben an. Schon aus diesem Grund lohnt es sich, diese Welt einmal kennenzulernen.

Auch die Chakras werden jeweils mit bestimmten Farben assoziiert. Chakras gibt es eine ganze Menge, doch sieben davon bilden die Grundlage. Nach indischer Überlieferung können wir sie uns wie Energiezentren oder Energiewirbel vorstellen, die in gleichmäßigem Abstand vom Beckenboden bis zum Scheitel an der Wirbelsäule aufgereiht sind. Sie wirken in unserer Aura und zeigen unser aktuelles Befinden auf allen Ebenen des Seins an.
In Indien werden die Chakras gern mit Lotosblüten verglichen. Jede dieser Blüten zeigt sich in anderer Form. Das unterste Chakra (Wurzelchakra) hat vier Blütenblätter, das zweite (Sakralchakra) weist sechs auf, dann werden es immer mehr, bis hin zu tausend Blütenblättern beim obersten Chakra (Kronenchakra). Jede Blüte zeigt sich außerdem in einer anderen Farbe, aufsteigend von Rot über Orange, Gelb, Grün, Türkis und Blau bis Violett. Die Aura des Menschen ist somit in den Farben des Regenbogens aufgebaut.

Ist es nicht eine herrliche Vorstellung, sich selbst mit strahlend bunten Blüten in allen Regenbogenfarben wahrzunehmen – und ebenso andere Menschen? Hier zeigt sich die Schönheit unserer Seele. Wenn die Chakras klar in ihrer ursprünglichen Farbe leuchten, sich ihre Energiewirbel schnell drehen und ihre »Blütenblätter« geöffnet sind, fühlt sich das sehr gesund an. Es erfreut und stärkt die Sinnlichkeit und damit deinen Anteil der gemütlichen Energie, wenn du dich intensiv mit Farben und Blumen beschäftigst.

In der nachstehenden Tabelle findest du die Namen der Chakras, ihre Lage, ihre Hauptfarbe und ihre Bedeutungen. Sieh sie dir zur Einstimmung an, danach mache die anschließende Übung.

| Name | Sitz | Farbe | Bedeutung |
|---|---|---|---|
| Wurzelchakra | Beckenboden | Rot | Tatkraft, Mut, Verwurzelung |
| Sakralchakra | unterhalb des Nabels | Orange | Lebensfreude, Beziehungsfähigkeit, Reichtum |
| Solarplexuschakra | oberhalb des Nabels | Gelb | Freiheit, Selbstbestimmung, Selbstwert |
| Herzchakra | auf Höhe des Herzens | Grün | Liebe, Herzlichkeit, Heilkraft |
| Halschakra | Kehlkopf | Türkis | Kreativität, Verstandeskräfte, Schönheit |
| Stirnchakra | Stirnmitte | Blau | Wunscherfüllung, Glück, Erfolg |
| Kronenchakra | am und über dem Scheitelpunkt des Kopfes | Violett | Frieden, Gottvertrauen, Dankbarkeit |

## Farben spüren

Für diese Farbübung brauchst du dünnes Kartonpapier in den Farben der Chakras. Die Blätter sollten so groß sein, dass du mit beiden Füßen bequem darauf stehen kannst. Wenn du möchtest, zeichne einfache Blütenformen auf die Farbkartons. Hast du keine farbigen Kartons zur Hand, kannst du weißes Papier mit Wasserfarben bemalen. Oder du nimmst bunte Tücher und Schals. Lege sie auf deinem Fußboden aus.
Lasse deinen Blick über die sieben Farben schweifen. Bleibst du an einer hängen? Schaue bewusst auf die Farbe, die dich im Moment am meisten anspricht, und lasse sie auf dich wirken. Stelle dich dann barfuß auf deine Farbfläche. Mache aus der Übung eine kleine Meditation. Werde ruhig und schließe die Augen, wenn du auf deiner Farbe stehst. Versuche, ihre Schwingung wahrzunehmen.

Probiere auch andere Farben aus. Öffne kurz die Augen, um zur nächsten Farbe zu wechseln. Nimm den Unterschied wahr. Wie schwingt Türkis, wie fühlt sich Rot an, wie gut tut dir Grün? Mit der Zeit wirst du ein feines Gespür dafür entwickeln, welche unterschiedlichen Energien die Farben ausstrahlen. Stelle dich zum Schluss der Übung nochmals auf deine eingangs gewählte Lieblingsfarbe, und lasse ihre Kraft von den Fußsohlen her in dich einströmen, bis du entscheidest, dass es genug ist.

Eine interessante Variante ist diese: Wähle eine Farbe, die du eigentlich nicht magst, und sinniere darüber, welche Kraft sich hier verbirgt, welches Talent du somit ablehnst und aus deinem Leben ausschließt. Auch das kann eine spannende Reise werden!

Wenn du für dich feststellst, dass du eine bestimmte Qualität besonders vermisst, kannst du die Farbübung gern ausdehnen, um diese Kraft in deinem Leben zu intensivieren.

Du kannst …

- dich täglich nach dem Aufstehen und vor dem Schlafengehen für eine Kurzmeditation auf deine Farbe stellen,
- dir ein Tuch, ein Kissen oder eine Decke in dieser Farbe besorgen und dich davon energetisieren lassen,
- Kleidung in diesem Farbton tragen,
- eine Wand in deinem Zimmer in dieser Farbe streichen,
- in dieser Farbe baden (duftende Badezusätze für die Wanne gibt es in leuchtenden Farben),
- dein Zuhause mit Blumen in dieser Farbe dekorieren,
- dir eine Farbkarte auf den (Schreib-)Tisch stellen und ihre Kraft auf dich wirken lassen,
- eine Farbkarte unter dein Wasserglas legen, damit sich die Schwingung auf dich überträgt, oder
- dir die Farbe mehrmals täglich intensiv vorstellen.

Bestimmt findest du noch andere Anwendungsgebiete, denn die Kreativität wächst mit jedem »bunten« Tag. Wenn du Farben in deine Welt lässt, regst du damit deine Fantasie an. Sie bringen Launen ins Gleichgewicht und laden Schönheit und Wert in dein Leben ein. Es wird eine aufregend bunte Zeit! Der Anteil der gemütlichen Energie in dir wird entzückt sein. Es ist die Seite in uns Menschen, die sich nach Sinnlichkeit und Genussfreude sehnt. In der Welt der Farben kann sie aufleben – und auch in der Welt der Blumen.

# Entspannungsübung:
# Ein Blumenkranz der Freude

Die gemütliche Energie lässt uns Blumen lieben. Nicht umsonst gelten sie als Sinnbild für die Schönheit des Lebens, für Genuss und Freude. Blumen bieten immer neuen Anlass zum Staunen. Ihre Farben sind das reine Entzücken, ihre geschwungenen Formen lassen sich behutsam mit den Händen erfühlen – und dann erst ihr feiner Duft … Blumen sind einfach wunderbar. Manche schwören, schon mal ihr Flüstern gehört zu haben. Andere erzählen, sie könnten die Blumenfeen sehen. Wer weiß! Zwischen Himmel und Erde ist vieles möglich. Um die Kraft von Sinnlichkeit und irdischer Lebensfreude zu wecken, ist es immer gut, mit Blumen Freundschaft zu schließen. Schon eine blühende Zimmerpflanze oder ein Strauß frischer Schnittblumen auf dem Tisch wirkt wunderbar belebend und wie ein Sonnenstrahl auf das Gemüt.

Wie wäre es, in der warmen Jahreszeit einen Ausflug auf eine blühende Wiese zu machen und dir einen Blütenkranz zu winden? Geübte brauchen dafür nicht mehr, als sie in der Natur vorfinden. Für den Anfang ist es hilfreich, etwas **Bast** mitzunehmen, um den Kranz zusammenzuhalten. Zum Stabilisieren können dir **dünne, biegsame Zweige** dienen, zum Schmücken nimm **grüne Blätter.** Als Zierde füge **bunte Blumen** ein. Das können wenige und einfache Blumen sein wie Löwenzahn, Klee oder Taubnessel. Nimm von den Blumen, die in großer Zahl wachsen, dann kannst du sicher sein, der Natur keine Schätze wegzunehmen.

Sollten die Wiesen in deiner Gegend leergefegt sein: Gänseblümchen lassen sich immer finden. Ein Kränzchen aus diesen kleinen Blüten ist Balsam fürs Gemüt. Gänseblümchen wirken zart und verletzlich, im Grunde aber sind sie ungeheuer zäh und ausdauernd. Sie überstehen Dürreperioden und Regengüsse, sie kommen mit kargem Boden und schlechten Bedingungen zurecht. Sie blühen sogar im Winter. Sei dir dieser Kraft bewusst, und lasse sie auf dich übergehen, wenn du das Kränzchen aufsetzt. Trage deine Blumenkrone mit Stolz.

Der bewusste Umgang mit Blumen und Farben tut der Seele gut. Er bedeutet, dass du dir Zeit nimmst für die Pflege der Aura, was wiederum diese mit der Zeit zum Leuchten bringt. Das gesamte System kommt ins Gleichgewicht und wird stabiler gegenüber äußeren Einflüssen.

## Loslassübung:

# Liebevoll und magisch

Insgesamt gesehen, fordert die gemütliche Energie deutlich mehr materielle Güter als etwa die dynamische oder die vielseitige Energie. Menschen der gemütlichen Energie haben einen guten Blick für Formen und Farben, für Stil und Schönheit. Nicht selten sind unter ihnen Künstler zu finden, die Materie bearbeiten und kunstvoll verzieren. Sie tun sich keinen Gefallen, wenn sie aufgrund eines Modetrends zwanghaft ihre Wohnung und ihre Schränke leeren. Das hieße ja, sich zu verbiegen und das eigene Naturell nicht anzuerkennen. Inspirieren lassen können sie sich dennoch von der Idee des Reduzierens, um von einer Überfrachtung der Wohnung zu einer geklärten, natürlichen Fülle zurückzukehren. Jede Kommode, jedes Bild, jeder Blumenstrauß, jeder Kunstgegenstand sollte für sich wirken können und gleichzeitig zusammen mit all den anderen Objekten einen harmonischen Gesamteindruck geben.

Dabei gilt es, die Dinge zu bewerten und ihren ideellen Wert festzulegen. Für Menschen mit gemütlicher Energie zählt der materielle Wert viel, aber auch Schönheit und Ausstrahlung eines Gegenstandes sind von Bedeutung. Als Menschen, die die Welt mit allen Sinnen erleben, sind bei ihnen Dinge fast immer mit Erinnerungen verbunden. »Diese Schuhe habe ich in Italien gekauft«, »Die Kette habe ich bei einem Ausflug nach Berlin erstanden«, »Die Vase ist ein Geschenk meiner Freundin«, »Das Gemälde habe ich auf dem Flohmarkt gefunden« – auf diese Weise setzt sich ihr gesamtes Hab und Gut zusammen. Naturgemäß sind auch Dinge dabei, an denen ungute Erinnerungen hängen, wie Erbstücke von Verstorbenen, die bei jedem Anschauen wieder Trauer auslösen, Überbleibsel aus einer früheren Partnerschaft, die an die schmerzhafte Trennung erinnern, Geschenke von Kolleginnen und Kollegen, die deren intrigantes Verhalten immer wieder hochkommen lassen. Die negative Energie hängt an den Gegenständen und belastet die Wohnung und die Menschen, die darin leben und ständig alle Details der Entstehungsgeschichte präsent haben.

Einfach wäre es, Teile mit belastenden Erinnerungen auszusortieren und wegzugeben. Wer sich dennoch nicht davon trennen möchte oder es aus irgendeinem Grund gerade nicht kann, sollte diese Gegenstände unbedingt energetisch reinigen. Dies funktioniert bei den sinnlich veranlagten Menschen mit gemütlicher Energie sehr gut mit der reinigenden Kraft von Edelsteinen. Sie lieben den Glanz der wertvollen Minerale. Am besten eignet sich eine Amethystdruse, deren violetter Schimmer etwas Geheimnisvolles hat. Vor allem aber sind die naturbelassenen Kristalle ausgezeichnet in der Lage, störende Energien zu transformieren. Die Größe der Druse spielt dabei keine Rolle. Lege kleinere Gegenstände über Nacht in deine Druse. Größere Teile kannst du daran anlehnen, sodass die vielen Edelsteinspitzen in der Druse auf den Gegenstand zeigen und ihre reinigende Wirkung entfalten können. Lasse die Amethyste eine Nacht lang wirken. Falls du keine Amethystdruse zur Verfügung hast, nimm ein Foto davon und lege die Gegenstände darauf. Die Wirkung ist zwar eher virtuell, aber überraschend kraftvoll.

Am nächsten Tag nimmst du deine Sachen heraus. Nun kannst du dir vorstellen, dass sie von energetischen Anhaftungen frei sind. Es sollte dir nun deutlich leichter fallen, dich von den Dingen zu trennen. Und wenn du sie behalten willst, können sie nun unbelastet ihre Schönheit entfalten. Die Kette ist wieder eine Kette, das Bild ein Bild, die Vase eine Vase. Du kannst dies alles lächelnd anschauen und dich an der Schönheit des Gegenstandes erfreuen, dich aber ganz klar von dem belastenden Erlebnis oder der schwierigen Person abgrenzen.

Um die Druse zu reinigen, spülst du sie mit klarem Wasser und legst sie dann für einige Stunden zum Aufladen in die Sonne. Das wird ein fundierter Neubeginn. Befreit kannst du danach weiter alle möglichen Dinge schätzen und sammeln – und immer wieder einmal reinigen.

## Glücksübung:
# Schöne, kleine Geschenke

Mache dir heute selbst eine kleine Freude. Achte darauf, dass es eine Kleinigkeit ist. Es sollte wie eine nette Geste an dich selbst wirken – eine prachtvolle Blume, eine seltene Frucht oder ein funkelnder Edelstein als Handschmeichler. Und, nachdem dir jetzt noch einmal bewusst geworden ist, wie wohltuend solch kleine Aufmerksamkeiten für das Gemüt sind: Bedenke an diesem Tag auch andere mit einer Kleinigkeit. Du verschenkst damit Freude und gewinnst Freude.

Macht uns ein lieber Mitmensch an einem trüben Tag ein kleines Geschenk, bringt das die gemütliche Energie zum Strahlen.

## Impulse für die gemütliche Energie

**Sport** als Kraftquelle: Tanzen, Kegeln

**Pflanzen** als Freundinnen: Lilien, Maiglöckchen

**Symbol** als Glücksbringer: Münze

**Edelsteine** als Kraftsteine: Chalzedon, Rosenquarz, Smaragd

**Affirmation** zum Motivieren: »Ich mache mir das Leben schön.«

**Heiltees** fürs Wohlbefinden: Schafgarbe, Wegwarte

**Glücksfarben** für den Erfolg: Grün, Rosa

**Hobbys** zum Anregen: Singen, Töpfern

**Geschenk** für dich selbst: Blumenstrauß

**Duft** für die Seele: Lavendel

**Krafttiere** zur spirituellen Begleitung: Kuh, Schaf

# Die vielseitige Energie

## Der Charakter

Sich auszutauschen, ist ein Grundanliegen von Menschen mit vielseitiger Energie. Sie sind lebhaft, findig, umtriebig und stets neugierig auf das, was das Leben an Schönem zu bieten hat – denn dass es hiervon eine Menge gibt, davon gehen sie aus. Sie wollen unterwegs sein und etwas erleben. Menschen mit vielseitiger Energie sind immer da zu finden, wo etwas los ist. Wird nichts geboten, werden sie einfach selbst zum Auslöser von Trubel und Heiterkeit. Die Welt ist ja so spannend. Ständig gibt es etwas Neues zu entdecken und so viel Wissenswertes zu erfahren. Das macht Spaß! Frei von Vorurteilen reden Menschen mit vielseitiger Energie mit jeder Person, die ihnen über den Weg läuft. Kommunikation ist ihre große Stärke. Sie müssen sich nicht bemühen, innere Barrieren abzubauen, denn sie haben keine. Sie gehen lustig und locker auf alles und jeden zu. Auch die Welt der schweren Gefühle kennen sie nicht, weder im positiven noch im negativen Sinn. Das heißt, sie leben weder die übertriebene Romantik, noch hängen sie Enttäuschungen lange nach. Für sie fühlt sich irgendwie alles nach »Erfahrung« an. Und davon kann man ihrer Meinung nach gar nicht genug bekommen.

## Die Einrichtung

Das Zuhause eines Menschen mit vielseitiger Energie ist in der Regel hell, übersichtlich und freundlich gehalten. Die vielseitige Energie bevorzugt leichte Möbel aus Holz, Alu oder auch Kunststoff. Gibt es neue Materialmischungen im Handel, sind diese bei ihnen bald zu finden, denn sie haben keine Berührungsängste mit neuen Entwicklungen. Alles ist sehr praktisch, ohne Firlefanz und Deko. Wovon es reichlich gibt, sind Bücher und Zeitschriften – wobei zahlreiche Menschen mit vielseitiger Energie heutzutage auf virtuellen Lesestoff wechseln und sich nicht mehr mit Papier belasten. Telefon und Computer sind ein Muss, genauso große Fenster und Balkone – alles eben, was den Kontakt nach draußen so einfach wie möglich macht.

## Die Wirkung

Leben Menschen die vielseitige Energie übertrieben, finden sie keine Grenze. Sie schaffen es nicht, sich festzulegen. Es könnte sich doch später etwas noch Besseres ergeben. Wie ärgerlich wäre es dann, sich schon entschieden zu haben! Sie lassen sich zudem gern ablenken und kommen häufig viel zu spät. Kommt diese Energieform nicht zum Zuge, äußert sich dies in einem Mangel an Kontakten und einem Hang zu Vorurteilen. Alles sollte möglichst so bleiben, wie es ist – dabei ist das Leben selbst doch in ständiger Bewegung und Veränderung.

Harmonisch gelebt, macht die vielseitige Energie heiter und fröhlich. Wo sie ist, gibt es immer etwas zu lachen. Wer an dieser Unbeschwertheit teilhaben möchte, sollte sich mit dieser Kraft anfreunden. Dadurch öffnet sich eine innere Tür, um unbekanntes Terrain mit Freude zu erkunden, begeistert etwas Neues zu lernen und gern mit anderen in Kontakt zu kommen. Diejenigen Menschen in unserer Welt, die oft in Ideologien und Glaubenskonstrukten verstrickt sind, werden die Unvoreingenommenheit, Offenheit und Freundlichkeit der vielseitigen Energie zu schätzen wissen.

# Aktivierungsübung: Der klassische Zahlencode

Die vielseitige Energie macht es leicht, gedanklich in Bewegung zu kommen. Dazu gibt es viele gute Möglichkeiten wie Sport oder Singen. Auch Atemübungen gehören dazu, da sie helfen, den Gedankenandrang zu bewältigen. Das Einatmen und Ausatmen ist der Rhythmus, auf dem unser Leben aufgebaut ist. Da sich aber die Menschen mit vielseitiger Energie nur zu gern bewegen, reagieren sie skeptisch auf Meditationen aller Art. Allein die Vorstellung, sich ruhig hinzusetzen, macht sie nervös. Kennst du das? Dann teste folgende Atemübung, die beim Gehen ausgeführt wird: Gehe eine Runde spazieren, und zähle währenddessen beim Einatmen bis vier und beim Ausatmen bis sechs. Durch das längere Ausatmen vergrößerst du die Energieabgabe und wirst nach und nach ruhiger. Nun bist du bereit für Balance und kannst den Rhythmus angleichen. Zähle nun beim Ein- und beim Ausatmen bis vier. Auf diese Weise gewährleistest du, dass die Energieaufnahme genauso groß ist wie die Energieabgabe, was innere Ausgeglichenheit zur Folge hat. Gehe in diesem Atemrhythmus deinen Spaziergang zu Ende.
Danach hast du die innere Ruhe, dich mit geistigen Themen zu beschäftigen – dem Denken, Schreiben, Zeichnen und Rechnen. Es ist eine intellektuelle Leistung, das praktische Leben in theoretische Modelle zu übersetzen. Mit der Kraft des Wortes funktioniert das. Über Symbole, Worte, Buchstaben und Zahlen lassen sich Botschaften übermitteln. Diese nicht direkt, sondern verschlüsselt mitzuteilen, macht nicht nur Menschen mit vielseitiger Energie Spaß. Es regt den Verstand und gleichzeitig die Kreativität an.

Buchstaben in Zahlen zu verwandeln, ist eine spannende Art, eine Geheimschrift zu kreieren. Das geht ganz einfach: Ersetze jeden Buchstaben mit einer Zahl, angefangen mit A = 1 bis Z = 26. Oder nutze diese etwas komplizierter zu entschlüsselnde Variante, den klassischen Zahlencode. So ist er aufgebaut:

| 1 | 2 | 3 | 4 | 5 | 6 | 7 | 8 | 9 |
|---|---|---|---|---|---|---|---|---|
| A | B | C | D | E | F | G | H | I |
| J | K | L | M | N | O | P | Q | R |
| S | T | U | V | W | X | Y | Z | |

Damit ist eine Geheimschrift schwierig zu entziffern, weil jede Zahl zwei bis drei Bedeutungen hat. Aber interessant sehen solche Zahlenverbindungen doch aus, wenn wir mit ihnen Namen schreiben. Dazu lassen sich Namen dank des Zahlencodes auch numerologisch deuten. Errechne dazu zunächst die Summe der einzelnen Zahlen, indem du Zahl für Zahl addierst. Zum Schluss bilde aus dieser Zahl die Quersumme. Ist das Ergebnis immer noch zweistellig, errechne erneut die Quersumme, so lange, bis eine einstellige Zahl – die Quellzahl – übrig bleibt.
Hier ein Beispiel: Nehmen wir den Namen meines Verlages, in dem ich schon viele Jahre Bücher publiziere: SCHIRNER.

S C H I R N E R = 1 3 8 9 9 5 5 9
Diese einzelnen Zahlenwerte addieren wir: 1 + 3 + 8 + 9 + 9 + 5 + 5 + 9 = 49.
Aus der Summe bilden wir die Quersumme: 4 + 9 = 13.
Da die Zahl immer noch zweistellig ist, bilden wir noch einmal eine Quersumme: 1 + 3 = 4.
Die Vier ist somit die Quellzahl von SCHIRNER. Sie steht für den Planeten Uranus und damit für eine Energie, die Engel, Inspiration und Intuition symbolisiert. Ist das nicht die perfekte Zahl für einen spirituellen Verlag?

Und schon sind wir mittendrin in der Deutung der Zahlen. Diesen sind, wie eben angesprochen, bestimmte Qualitäten und Planeten zugeordnet. Eine der traditionellen astrologischen Zuordnungen ist diese hier:

**1:** Die Zahl der **Sonne** steht für den Anfang, wie auch das Licht der Sonne den Anfang allen Lebens darstellt. Menschen mit der Quellzahl Eins verkörpern schöpferische Energie, Anerkennung und Selbstbewusstsein.

**2:** Die **Mondzahl** Zwei schafft zwei Möglichkeiten – oben und unten, Himmel und Erde, Yin und Yang. Zu den Stärken von Menschen mit der Zahl Zwei zählen Anpassungsfähigkeit, Wärme und Einfühlungsvermögen.

**3:** Die Drei gilt als **Jupiterzahl** und zieht Glück und Erfolg an. Menschen mit der Quellzahl Drei glänzen durch ihre Fähigkeit, auch in schwierigen Lagen nicht den Mut zu verlieren und auf höhere Kräfte zu vertrauen.

**4:** Die Grenzen zu sprengen, ist die Kraft der Zahl Vier – das hat sie mit **Uranus** gemeinsam. Menschen mit dieser Zahl haben geniale Eingebungen und einen ausgeprägten Draht zu Engeln und zur geistigen Ebene. Dem Chaos auf der Welt begegnen sie mit Humor.

**5:** In der Mitte der Zahlenreihe steht die Fünf. Hier ist daher der Platz von **Merkur,** dem Vermittler nach allen Seiten. Menschen mit der Zahl Fünf zeichnen sich durch Kontaktfähigkeit, Freundlichkeit und Wissbegierde aus.

**6:** Harmonie nach allen Seiten zu verbreiten, ist das Anliegen von **Venus** und der Zahl Sechs. Menschen mit dieser Quellzahl strahlen Liebe, Sinnlichkeit und Schönheit aus. Sie haben einen ausgeprägten Sinn für Natur und Kunst.

**7:** Diese Zahl gilt als heilig, genau wie ihr Planet **Neptun.** Menschen mit der Sieben haben oft künstlerische und heilende Fähigkeiten. Sie sind extrem sensitiv und können frei zwischen den Welten von Diesseits und Jenseits wechseln.

**8:** Dem **Saturn** wird die Zahl Acht zugeordnet. Menschen mit der Quellzahl Acht tragen die Anlage in sich, zu einer echten Autorität zu werden. Ihre innere Stärke, Stabilität und Ausdauer führt sie zu großem Erfolg.

**9:** Abenteuerlust und Tatendrang bringt die Zahl Neun mit sich, genauso wie ihr Planet, der **Mars.** Wer die Neun als persönliche Quellzahl hat, zeichnet sich durch Führungsqualitäten, Eigenständigkeit und Mut aus.

**0:** Eine Quersumme Null gibt es nicht – in zusammengesetzten Zahlen ist sie aber doch dabei, daher sei sie an dieser Stelle der Vollständigkeit halber aufgeführt. Die Null wirkt unsichtbar aus dem Hintergrund mit. Mystisch, nicht wahr? Das passt so gut zu **Pluto**. Als Planet des Werdens und Vergehens macht er diese Zahl zum Sinnbild für das große Nichts, aus dem alles kommt und in das alles zurückkehrt. Die Null ist das Ende und gleichzeitig der Beginn einer Entwicklung.

Nutze das Zahlencodesystem, um deinen Namen zu codieren und die Quellzahl zu errechnen. Wie lautet dein persönlicher Zahlencode? Welche Zahlen ergeben sich aus den Namen deiner Familie, deiner Freundinnen und Kollegen? Schaue dir an, mit welchen Menschen du deine Zahl gemeinsam hast. Daraus können sich interessante Verbindungen ergeben!

Wenn du die Kraft deiner Quellzahl und die Freude daran noch steigern möchtest, werde kreativ: Male deine persönliche Zahl aus. Nimm dafür ein Blatt Papier, und schreibe deine Quellzahl groß darauf. Verziere deine Zahl, zeichne Ranken daran, oder umgib sie mit Farben. Probiere auch andere Schriftarten, stelle die Zahl auf den Kopf, oder zeichne sie spiegelverkehrt. Lasse zu, was dir einfällt. Spiele mit deiner Zahl, und lasse die Planetenkraft deines Namens dadurch noch stärker zur Wirkung kommen.

# Balanceübung:
# Kräutersalz zum Selbermachen

Generell ist es für Menschen mit vielseitiger Energie eine gute Idee, ihre Gedanken zu klären und damit ihre innere Unruhe auszugleichen. Die Natur ist hierfür der perfekte Ort. Da trifft es sich gut, dass die vielseitige Energie ein hohes Interesse an Gesundheit und Natur mit sich bringt – wie eben an allem, was die Grundlagen des Lebens ausmacht. Es tut Menschen mit vielseitiger Energie gut, in der Erde zu graben, zu pflanzen, zu pflegen und zu ernten, denn damit wird ihre eigene Erdverbundenheit geweckt. Das ist vor allem dann ein Vorteil, wenn sie sich zu sehr in abstrakten, geistigen Vorstellungen verlieren.

Handwerkliches Geschick mag eine Frage des Talents sein, doch einfache Verrichtungen kann jeder erlernen, der dazu Lust verspürt. Dazu zählen das Anlegen eines Kräuterbeetes und das Kochen. Die Zubereitung eines einfachen Essens erfordert lediglich Appetit und einige wenige Grundkenntnisse. Wenn du dazu einige Zutaten wie ein Kräutersalz selbst herstellst, schenkst du deinen Gerichten eine persönliche Note. Es ist der erste Schritt zur Kräuter-Kochkunst – und ein nettes Mitbringsel ist es außerdem.

Kräuter sind fast schon ein Synonym für Gesundheit. Sie enthalten Vitamine und Mineralien, und insbesondere die Bitterstoffe machen sie zu wertvollen Energieträgern. Unser Körper braucht sie dringend für eine gesunde Verdauung. Vielen industriell hergestellten Nahrungsmitteln wurden die Bitterstoffe weggezüchtet, da ihr Geschmack nicht so beliebt ist. Stimmt, bitter ist nicht süß. Es schmeckt anders, tut uns aber gut. Dies alles macht die Kräuter zu einem wahren Energiekatalysator für das körperliche Wohlbefinden und die seelische Balance. Es ist immer von Bedeutung, welche Zutaten du verwendest, wo du die Kräuter kaufst, ob du sie selbst ziehst oder in der Natur sammelst. Dazu ist es gut zu wissen, dass auch die herkömmlichen Küchenkräuter Heilkräfte in sich tragen. Unterschätze außerdem nicht den Einfluss deiner Gemütslage beim Kochen. Denn wir reichern die Nahrungsmittel mit Energie an, wenn wir sie achtsam und mit liebevollem Herzen zubereiten.

Aus Kräutern lässt sich so viel Feines machen. Hast du schon einmal Kräutersalz selbst hergestellt? Es schmeckt exzellent – in der Suppe, auf dem Butterbrot, zu Ofenkartoffeln, in Gemüsegerichten oder im Salat. Eine gute **Basismischung** für dein Salz erhältst du mit diesen vier Kräutern: **Schnittlauch, Petersilie, Liebstöckel** und **Ysop.** Sie gelten als klassische Mischung für ein vielseitig verwendbares Kräutersalz. Wenn du die **mediterrane Küche** liebst, probiere eine Salzmischung mit **Oregano, Rosmarin, Salbei** und **Thymian.** Gib das mediterrane Kräutersalz über den Salat, oder mische es in deine Tomatensoße, wenn du möchtest mit einem Schuss Rotwein, und reiche diese zu Nudeln. Der Geschmack des Südens wird dich träumen lassen! Als Naturfan wird dir ein **Wildkräutersalz** mit **Löwenzahn, Gundelrebe, Rotklee, Brennnessel** und **Giersch** schmecken. Diese Kräuter zu sammeln empfiehlt sich im frühen Frühjahr, wenn sie noch jung und zart sind. Doch zurück zum klassischen Kräutersalz. Es ist ein einfacher und guter Anfang, damit zu beginnen. Die frischen Zutaten sind fast das ganze Jahr über erhältlich, solltest du keine eigenen Kräutertöpfchen besitzen.

## Rezept für klassisches Kräutersalz

**Für die Herstellung deines Kräutersalzes brauchst du:**

- einige Stängel Schnittlauch, Petersilie, Liebstöckel und Ysop
- 1 Tasse Salz
- 1 kleines Messer und 1 Schneidebrett
- 1 Mörser

**Tipp:** Meersalz eignet sich besonders gut, weil es ein klein bisschen feuchter ist als Steinsalz und deshalb die Aromen der Kräuter sehr gut aufnimmt.

**Anleitung:**
Nimm eine halbe Tasse Kräuter. Zupfe die Blättchen von Liebstöckel, Petersilie und Ysop ab, und schneide sie zusammen mit dem Schnittlauch sehr fein.
Gib die Kräuter zusammen mit einer Tasse Salz in den Mörser, und vermenge alles kräftig mit dem Stößel. Im Mörser werden die Kräuter in das Salz regelrecht hineingerieben. Wenn du keinen Mörser zur Hand hast, kannst du aber auch eine kleine Schale und einen Löffel verwenden.

Fertig ist dein frisches Kräutersalz! Aufbewahren lässt es sich gut in einem Glas mit Schraubdeckel. Es schmeckt himmlisch würzig – und ist so einfach. Genau das ist es, was vielseitige Energie begeistert, denn so ist rasch wieder Zeit für andere Tätigkeiten.

Beim Kräutersalz sind es die unspektakulären Zutaten und das problemlose Selbermachen, was es – nicht nur für die vielseitige Energie – so attraktiv macht. Hinzu kommt die positive Wirkung auf die Verdauung und ganz allgemein auf die Gesundheit. Das i-Tüpfelchen aber ist der unverwechselbare, gute Geschmack – denn das Genießen schätzen Menschen mit vielseitiger Energie ebenfalls.
Das steht nicht im Widerspruch zu ihrem überaus wirtschaftlichen und nützlichen Denken. Geht es nach ihnen, soll jede Arbeitsleistung ihren Aus-

gleich bekommen, für jede Mühe soll es eine Belohnung geben. Bei der Herstellung von Kräutersalz steckt der »Lohn« im Genuss. Bald kann dir die erweckte vielseitige Energie Lust machen, weitere Kräuter zu sammeln, sie selbst anzubauen und sie zu verwenden – wie Spitzwegerich, Frauenmantel, Beifuß und Schafgarbe. Oder versuche Gänseblümchen, Brunnenkresse, Scharbockskraut oder Beinwell. Die Natur ist voller Geschenke. Lerne sie kennen, und mache dir die Freude, noch mehr aus Kräutern herzustellen: Öle, Essige, Badezusätze, Salben, Tees, Auflagen und Tinkturen. Mit einer aktivierten vielseitigen Energie steht dir die ganze gesunde Kräuterwelt offen.

# Entspannungsübung: Wortpaare finden

Denk- und Ratespiele bereiten Menschen, die ihre vielseitige Energie positiv leben wollen, besonders viel Freude. Bei diesem Spiel geht es darum, einzelne Wörter zu einem sinnvollen Ganzen zusammenzusetzen. Zwei Spalten mit ganz unterschiedlichen Begriffen sind hier aufgelistet. Notiere jeden von ihnen auf je einem kleinen Zettel, und lege diese wie abgebildet vor dich hin. Deine Aufgabe ist es nun, jeweils die Begriffe der rechten und der linken Spalte zu einem Paar zu verbinden. Zum Schluss solltest du zwölf Wortpaare gefunden haben, die alle einen Sinn ergeben sollen – eigentlich. Fühle dich dennoch frei, neue Wortpaare zu finden, sie zu genießen, zu verwenden, zu diskutieren und vielleicht auch zu malen. Es regt die Fantasie an, sich etwas vorzustellen, was es eigentlich nicht gibt, zum Beispiel »Blumenburg« oder »Schaukeltier«. Daher eignet sich solch eine Übung auch, wenn du bei einem Thema nach einer Lösung suchst und in einer Denkblockade festhängst. Dennoch: Die ursprüngliche Aufgabe ist es, die tatsächlich zusammengehörigen Wortpaare zu finden. Viel Vergnügen!

| | |
|---|---|
| SCHUTZ | SCHNUPPE |
| KRAFT | FEUER |
| STERN | STRAHLEN |
| REGEN | SCHIFF |
| BLUMEN | STUHL |
| SONNEN | BURG |
| SEGEL | ENGEL |
| LAGER | ZAHN |
| LÖWEN | TIER |
| KLEE | BOGEN |
| SAND | DUFT |
| SCHAUKEL | BLATT |

Die Lösungen zu dieser Übung findest du auf S. 138.

# Loslassübung:
# Klangvoll und leicht

Unersetzlich für Menschen mit vielseitiger Energie sind Licht und Raum. Jene mögen es, viel Platz zu haben, hellen, freien Raum. Dinge dagegen brauchen sie nicht unbedingt. Die Welt der Ideen ist ihnen vertrauter und ihrer Meinung nach auch verlässlicher als die Welt der Materie.

Da sie mit leichter Hand und großer Freude einkaufen gehen, sammelt sich im Laufe der Zeit doch mehr bei ihnen zu Hause an, als es für ihr Wohlbefinden gut ist. Es macht sie müde und nervös, wenn der nötige Raum fehlt. Spätestens dann gilt es für sie, ihre Wohnung von allem Zuviel zu befreien. Da sie wenig Bezug zur Materie haben und ihr Herz nicht an Dinge hängen, fällt ihnen das Loslassen nicht schwer. Es spielt für sie keine Rolle, ob ein Teil teuer war, ob es ein Geschenk eines lieben Menschen war oder aus einer romantischen Zeit stammt. Für sie ist jeder Gegenstand nur ein Gegenstand. Er soll einen Zweck erfüllen. Tut er das nicht, kann er weg. Wobei »Zweck« aus ihrer Sicht nicht nur mit dem tatsächlich notwendigen Nutzen verbunden ist, sondern auch bedeuten kann, dass sie über etwas lachen können, wie über ein bewegliches Spielzeug oder eine Vase mit grellbuntem Muster.

Gern geben sie die Dinge an andere Menschen weiter, das entspricht ihrem kontaktfreudigen Naturell. Ein Flohmarkt ist für sie die perfekte Bühne, können sie doch hier mit vielerlei Menschen ins Plaudern kommen. Nun kann es allerdings schwierig sein, in einem Zustand der Müdigkeit und nervlichen Überlastung die Kraft aufzubringen, Sachen auszusortieren und einzupacken, sich auf dem Flohmarkt anzumelden, einen Tisch zu besorgen und den Verkaufstag zu organisieren. Auch das Verkaufen und Verschenken über eine Internetplattform braucht Zeit, muss dafür doch jeder Gegenstand fotografiert und beschrieben werden.
Trotz der verlockenden Aussicht auf mehr Freiraum brauchen Menschen mit vielseitiger Energie manchmal ein Quäntchen Power von außen. Sie müssen ihre Antriebskraft stärken, damit die Initiative gelingt. Ein unterstützendes Ritual mit Klangschalen ist hierfür gut geeignet. Es passt wunderbar zu ihrer leichten, luftigen Art. Mit den feinen Klängen können sie die Atmosphäre reinigen. Der Weg zur Unternehmungslust wird dadurch wieder frei.

## Dein Klangschalenritual

Am schönsten ist diese Übung mit Klangschalen. Alternativ kannst du dir auch andere Klangkörper suchen. Wichtig ist, dass sie einfach zu handhaben sind und beim Anschlagen oder Anreiben einen harmonischen Klang ergeben.

Baue zwei oder drei Klangschalen vor dir auf dem Boden auf. Reibe sie nacheinander sanft an, einfach, indem du mit dem Klöppel oben an der Außenseite der Schale entlangstreichst. Lasse die Klänge nacheinander durch den Raum schweben, sodass jeder Klang für sich wirken kann. Dann reibe die Schalen ohne zeitlichen Abstand an, sodass sich die Klänge mischen und als Klangteppich im Raum schwingen. Fühle die Schwingungen. Fühle, wie die weichen Wellen dein ganzes Wesen erfassen und harmonisieren. Fühle, wie sie auch die Dinge in deiner Umgebung durchziehen und jedes Atom in eine höhere kosmische Ordnung bringen. Vergrößere zum Abschluss deines kleinen Rituals die Zeitabstände des Anreibens wieder, und lasse die Töne achtsam ausklingen.

Nicht nur deine Umgebung, sondern auch alle deine Zellen sind nun von wundervollen Klängen erfüllt. Das Energieniveau steigt spürbar an, sodass du auch kraftraubende Aktivitäten mit großer Unternehmungslust angehen kannst. Beim Gedanken ans Handeln, Verkaufen und Verschenken steht nun nicht länger die Arbeit im Vordergrund, sondern das Vergnügen, mit anderen in Kontakt zu kommen.

## Glücksübung:
# Ein Lächeln für die Welt

Auch bei Menschen mit vielseitiger Energie gibt es Tage, die sich stressig und trüb anfühlen und an denen scheinbar alle Mitmenschen knurrig dreinschauen. Nutze in solchen Momenten die Kraft des Lächelns, denn das macht glücklich. Lächle dich selbst im Spiegel an, und lächle die anderen an – den Kassierer im Supermarkt, die Kollegin, die dir auf dem Flur begegnet, das Pärchen auf der Parkbank und die Busfahrerin. Lächle nicht nur mit dem Mund, sondern mit den Augen und mit allen Zellen. Schenke auch Hunden und Katzen, Bäumen und Blumen ein Lächeln. Die Welt liebt und braucht Freundlichkeit. Nicht nur du fühlst dich dadurch besser.

Lächle deine Mitmenschen an,
von Herz zu Herz, von Mensch zu Mensch.

## Impulse für die vielseitige Energie

**Sport** als Kraftquelle: Radfahren, Laufen

**Pflanzen** als Freundinnen: Gräser, Margeriten

**Symbol** als Glücksbringer: Schmetterling

**Edelsteine** als Kraftsteine: Achat, Goldtopas, Citrin

**Affirmation** zum Motivieren: »Mein Leben ist bunt wie ein Regenbogen.«

**Heiltees** fürs Wohlbefinden: Huflattich, Spitzwegerich

**Glücksfarben** für den Erfolg: Gelb, Grau

**Hobbys** zum Anregen: Fotografieren, Schreiben

**Geschenk** für dich selbst: Buch

**Duft** für die Seele: Melisse

**Krafttiere** zur spirituellen Begleitung: Gans, Giraffe

# Die sensible Energie

## Der Charakter

Romantisch, fantasievoll und verträumt zeigen sich Menschen mit sensibler Energie. Sie verstehen es ganz ausgezeichnet, die Härten des Lebens auszublenden und sich eine heile Welt zu erschaffen. Ihr innigstes Anliegen ist es, gemeinsam mit der ganzen Familie in dieser schönen Welt zu leben. Nicht selten sehen sie die Vergangenheit rosiger, als sie vielleicht war, verschwimmt doch so manche negative Erinnerung im Laufe der Jahre.

Fragt man sie nach früheren Zeiten, bekommen ihre Augen einen sehnsüchtigen Glanz, und sie beginnen, zu erzählen. Vielleicht entspricht nicht jedes Detail den tatsächlichen Begebenheiten, doch stets sind ihre Geschichten fantasievoll gesponnen, meist wunderschön, manchmal ein bisschen schaurig, aber immer voller Magie – ganz in der Tradition von alten Märchen. Wertvoll ist diese »Qualität des Rückwärtsschauens« vor allem deshalb, weil Menschen mit sensibler Energie es verstehen, den Blick tatsächlich auf das Schöne zu lenken und sich auf das zu fokussieren, was der Seele Freude macht.

Zwischen Fühlen und Denken zu unterscheiden, ist nicht ihr Anliegen. Für Menschen mit sensibler Energie ist beides untrennbar miteinander verbunden. Jeder Gedanke ist von einer gefühlsmäßigen Wahrnehmung geprägt. Diese Energieschwingung lässt sie aufnehmen, was in den Gesprächen mit anderen zwischen den Zeilen gesagt wird. Dies geben sie wieder, aber vermischt mit eigenen Bildern. Treffsicher sind sie aufgrund ihrer Intuition dennoch, nur eben nicht in wissenschaftlichem Sinn.

## Die Einrichtung

Der Glanz von früher strahlt in die Gegenwart von Menschen mit sensibler Energie hinein. Das ist auch der Grund, warum sie so gern in alten Häusern leben, Möbel und andere Schätze auf dem Flohmarkt finden und den Schmuck der Großmütter lieben. Sie dekorieren oft mit Kissen und Decken und sparen nicht mit Blumen. Verzierungen tun ihnen gut. Ihr Zuhause sollte ein warmes, gemütliches Nest sein. Damit haben sie den bestmöglichen Erholungsort für ihre empfindsame Seele.

Denn gerade wegen ihrer Einfühlsamkeit und ihres Mitgefühls sind sie extrem verletzlich. Jeder noch so kleine Angriff trifft. Ihre Abwehrkraft ist nicht robust, daher ist die Vorsicht im Umgang mit äußeren Einflüssen durchaus berechtigt. In ihren vier Wänden aber können sich diese empfindsamen Menschen entspannen, sie selbst sein und sich völlig öffnen. So gestärkt, fällt es ihnen dann auch wieder leichter, sich erneut nach draußen zu wagen.

## Die Wirkung

Wird die sensible Energie übertrieben stark ausgelebt, geht dadurch der klare Blick auf die Gegenwart verloren. Die Zukunft ängstigt, nur die Vergangenheit scheint Sicherheit zu geben. Diese Menschen zeigen sich oft launisch und unsicher. Sie lassen sich auch leicht verwirren.

Ist diese Energieform zu gering ausgeprägt, fehlen dem Leben Magie und Zauber. Der Verstand regelt alles, und das Gefühl kommt zu kurz. Solche Menschen denken oft, sie hätten keine Fantasie.

In harmonischer Ausprägung macht die sensible Energie einfühlsam und verständnisvoll. Sie lässt die Welt mit Sanftmut, Hingabe und Geduld betrachten und regt dazu an, in allem etwas Gutes zu finden. Für die Gemeinschaft auf der Erde sind diese Eigenschaften unverzichtbar. Die sensible Energie hilft, mit dem Herzen zu sehen. Sie macht das Leben zauberhaft und lässt die Fantasie sprühen, deren leuchtende Sterne die Welt erhellen.

# Aktivierungsübung: Träumen mit dem Mond

Sehnst du dich danach, in deine Innenwelt abzutauchen und die Anforderungen von außen hinter dir zu lassen? Suchst du nach einem Ausgleich zu deinem stressigen Alltag? Nimm diese Sehnsucht zum Anlass, dich auf eine meditative Art mit dem Mond zu verbinden! Du weißt ja: Der Mond ist das Gestirn, das die Nacht erhellt und die Träume begleitet. Er gilt als Symbol für die passive, unbewusste Wesensseite, für die Seele und für die Fähigkeiten zum Fühlen, Einfühlen und Wahrnehmen.

Wenn du den sensiblen, einfühlsamen Anteil in dir stärken möchtest, gönne dir immer wieder **Zeit für Magie,** für Romantik und für träumerische Gefühle! Sammle Blumen in deinem Garten oder auf einem Wiesenspaziergang, und winde einen Kranz daraus. Es kann nur ein winziges Kränzchen sein, das dadurch besonders lieblich wirkt. Du kannst aber auch einen prachtvollen Kranz flechten und ihn auf dem Kopf tragen wie eine Feenkönigin oder ein Feenkönig ihre bzw. seine Blütenkrone. Dich damit im Mondschein an einen See zu setzen, wird dich zum Träumen anregen. Vielleicht möchtest du jetzt mit den Feen tanzen? Mache einen romantischen Abend daraus. Nimm einen lieben Menschen oder eine Gruppe von Freunden und/oder Freundinnen mit, und feiere mit ihnen. Esst und trinkt zusammen, und entdeckt, wie zauberhaft die Welt sein kann. Es liegt so viel Magie in allem! Die sensible Energie kann das Gespür dafür wieder wecken – und der Mond begleitet dich gern dabei, deine gefühlvollen und magischen Kräfte besser kennenzulernen. Freunde dich mit ihm an!

Eine Besonderheit des Mondes ist, dass er als Spiegel gilt. In Wahrheit ist er ohne eigenes Licht und sehr viel kleiner als die Sonne. Aufgrund der unterschiedlichen Entfernungen beider Gestirne zur Erde erscheint der Mond an unserem Himmel aber in der gleichen Größe wie die Sonne. Er reflektiert ihr Licht und erhellt auf diese Weise den Himmel und die Erde in dunklen Nächten. Schon allein deshalb ist er von immenser Bedeutung. Genauso, wie er das Licht der Sonne spiegelt, gibt er im übertragenen Sinn die Gefühle der Menschen wieder. Da ist es doch naheliegend, einen eigenen **Mondspiegel** zu haben, vor allem als Mensch mit sensibler Energie! Vielleicht findest du einen Spiegel in Form eines Halb- oder Vollmondes. Du kannst aber auch ein Wandbild nehmen, das den Mond zeigt, und hierauf einen kleinen Spiegel anbringen. Gleich, was für einen Spiegel du verwendest, schmücke ihn mit Perlen, Blüten und verzierten Bändern, so romantisch, wie es die sensible Energie gern mag, und gestalte so deinen ganz individuellen Mondspiegel.

Indem du dich mit dem Mond verbindest, kannst du den Zugang zu seinen Kräften verstärken. Betrachte dazu den Mond immer wieder einmal. Schaue ihn bewusst an, jeden Abend, wenn das Wetter es zulässt. Beobachte, wie er mit den Wochen seine Form verändert – wie er abnimmt, verschwindet, zunimmt und voll wird. Mit steigender sensibler Energie werden dir künstlerische Betätigungen besondere Freude bereiten, daher male einen Mond, gern auch mit einer Mondgöttin. Erschaffe dir **deine persönliche Mondgöttin** – in Gedanken oder auf dem Papier in Form von Geschichten oder Bildern. Das tut besonders dann gut, wenn du gerade eine träumerische Zeit durchlebst und wenig Lust auf Aktivitäten hast. Der große Vorteil solcher Zeiten ist, dass sich nun deine fantasievolle Seite stark ausprägt. Du fragst nicht danach, ob es die Mondgöttin gibt, wozu auch? Intuitiv weißt du, dass du mit der Beschäftigung mit märchenhaften Wesen deine Träume und deine Fantasie zum Blühen bringst.

# Balanceübung: Same, Saat und Blume des Lebens

Die sensible Energie bringt es mit sich, dass Gefühl und Verstand kaum zu trennen sind. Dass Harmonie herrscht, ist daher für Menschen mit dieser Kraft extrem wichtig, denn nur dann zeigen sich ihre Gefühle klar und unbeeinflusst. Es ist, wie an einem ruhigen Tag auf den Grund eines Sees zu blicken – bei von Wind und Wellen aufgewühltem Wasser ist das nicht möglich. Das ist auch der Grund, warum Menschen mit sensibler Energie für ein ausgeglichenes Gemüt sorgen sollten. So nämlich können sie ihr Talent zur Intuition, ihre reiche Fantasie und ihre Einfühlungsgabe wunderbar einbringen. Bei sozialen Aufgaben, im Umgang mit Kindern und auch für künstlerische und kreative Tätigkeiten ist es von Vorteil, einen großen Anteil von dieser Energieform zur Verfügung zu haben.
Aufgrund ihrer visuellen Art des Denkens und Wahrnehmens reagieren Menschen mit sensibler Energie stark auf Bilder und Symbole. Es liegt daher nahe, ein klassisches Harmoniesymbol wie die Blume des Lebens zu nutzen, um sich in aufgewühlten Situationen zentrieren zu können und so schnell wieder zur inneren Ruhe zurückzufinden. Bestimmt kennst du bereits die Blume des Lebens, dieses kraftvolle Symbol für Harmonie. Möchtest du noch intensiver in ihre Vollendung eintauchen?

Die Grundlage für die Blume des Lebens ist ein Kreis, der wiederum für Vollkommenheit steht. Der mittlere Kreis enthält sechs Blütenblätter, die beim Konstruieren der Blume entstehen. Dieser mit Blütenblättern gefüllte Kreis wird »Same des Lebens« genannt.

Zusammen mit den sechs umgebenden Kreisen besteht der Kern der Blume des Lebens aus sieben vollen Kreisen. Die Sieben ist eine heilige Zahl. Als Teil der Blume des Lebens symbolisiert sie die sieben Schöpfungstage, doch auch andere Assoziationen sind möglich: die sieben alten Planeten, die sieben Wochentage, die sieben Chakras, die sieben Hügel Roms, die Wolke sieben … und was immer dir die fantasievolle, sensible Energie dazu

eingibt. Die Einheit aus sieben Kreisen hat ebenfalls einen Namen: »Saat des Lebens«. Sie gilt als Symbol für Leben und Wachstum, als Keimzelle des Lebens und Bauplan der Schöpfung.
Die vollendete Blume des Lebens schließlich, die um unendlich viele Kreise erweitert werden kann, symbolisiert Harmonie, Ausgeglichenheit und kosmische Ordnung. Auch wird sie als Sinnbild für die Einheit von Körper, Seele und Geist verwendet.

Es kann die Wirkung ungeheuer vertiefen, wenn du deine Blume des Lebens selbst konstruierst und zeichnend entwickelst. Das erfordert kein mathematisches Ausnahmetalent. Du kannst dir das zutrauen, denn wie vieles im Leben sind die großen Dinge im Grunde einfach. Hier ist die »Bauanleitung« für deine persönliche, selbst gezeichnete Lebensblume. Wenn du gar keine Lust dazu hast, nimm dir alternativ eine fertig gezeichnete Blume des Lebens vor, und vollende sie mit Farben. Auch dadurch findest du einen intensiven Kontakt zu ihrer Wirkung.

## Schritt für Schritt zur Blume des Lebens

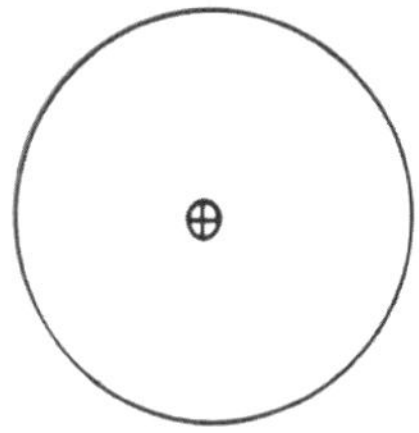

**1.** Zeichne einen Kreis – mit einem Zirkel oder einer Schablone. Markiere den Mittelpunkt.

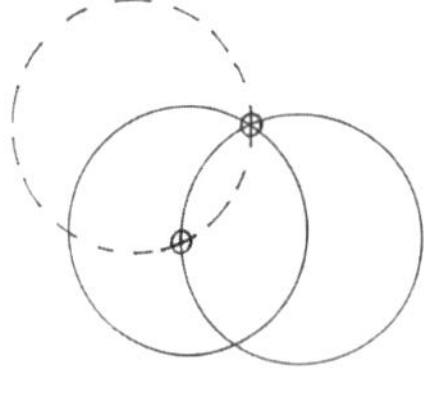

**2.** Zeichne einen weiteren Kreis in gleicher Größe. Dessen Mitte sitzt irgendwo auf der Linie des ersten Kreises (du kannst diesen Mittelpunkt frei wählen) und führt damit genau durch den Mittelpunkt des ersten Kreises. Zeichne noch einen Kreis, der ebenfalls durch diesen Mittelpunkt führt und außerdem durch den Punkt, an dem sich der erste und der zweite Kreis schneiden.

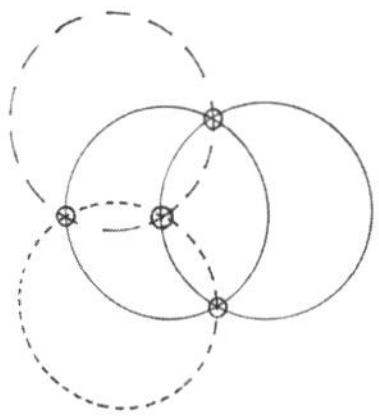

**3.** Ergänze gleich noch einen weiteren Kreis, der die übrigen beiden Schnittpunkte berührt.

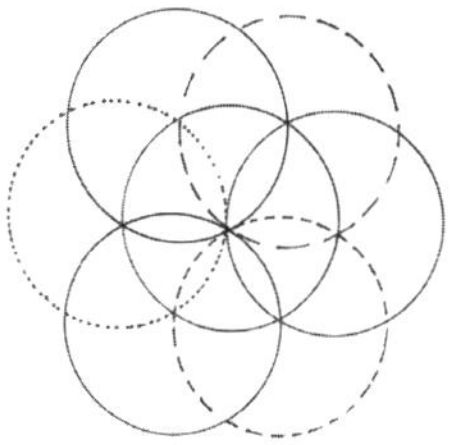

**4.** Ziehe drei weitere Kreise. Diese verlaufen jeweils durch die Mittelpunkte zweier der ersten drei Kreise und deren gemeinsamen Schnittpunkt in der Mitte der Lebensblume. Fertig ist die »Saat des Lebens«, bestehend aus sieben gleich großen Kreisen mit einer sechsblättrigen Blüte (dem »Samen des Lebens«) in ihrer Mitte.

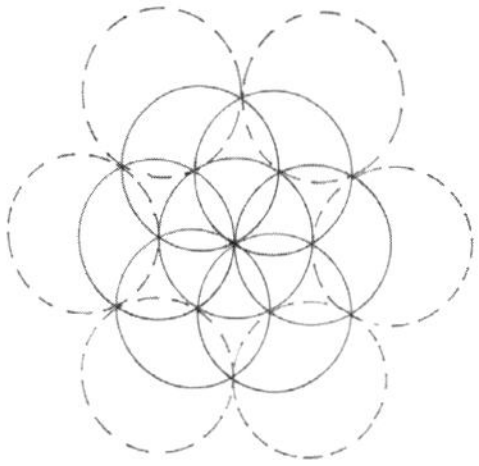

**5.** Um von Same und Saat zur Blume des Lebens zu gelangen, setze eine Reihe weiterer Kreise in gleicher Größe außen um die Saat des Lebens.
Arbeite dabei immer mit den Mittelpunkten und den Schnittpunkten der vorhandenen Kreise.
Erst sind es sechs, dann schließlich zwölf Kreise, die den äußeren Rand ergeben.

**6.** Zum Schluss füge am Rand Halb- und Sechstelkreise ein, um das Bild der »Blume« abzurunden. So ergibt sich nach und nach deine wunderschöne »Blume des Lebens«.

**7.** Diese kannst du zur Vollendung noch mit einem einzigen großen Kreis umgeben.

Die Ausstrahlungskraft der Blume des Lebens lässt sich noch einmal intensivieren, wenn du die Linien mit einem goldenen Farbstift nachziehst. Aber auch andere Farben sind wirkungsvoll. Wenn du möchtest, male die Felder farbig aus. Verwende unterschiedliche Farben, um die Bedeutungen des mittleren Kreises als Same des Lebens oder die inneren sieben Kreise als Saat des Lebens hervorzuheben.

Verwende deine Blume des Lebens als Wandbild. Nutze ihre Kraft als Untersetzer für dein Wasserglas. Du kannst auch mehrere Farbvarianten zeichnen und dir einen Jahreskalender aus unterschiedlichen »Blumen« zusammenstellen. Vor allem aber: Lasse dich von deinem Werk und der harmonisierenden, ordnenden Wirkung deiner selbst gestalteten Blume des Lebens beeindrucken, bezaubern und begeistern.

# Entspannungsübung:
# Blüten, Kräuter und Essenzen

Mit der feinen Qualität der Hilfsbereitschaft und der Fähigkeit, Schwingungen zu erfühlen, verbunden mit dem Anspruch, etwas damit zu machen, ergibt sich für Menschen mit sensibler Energie eine außergewöhnliche Begabung zur Heilung – und hierbei für den Umgang mit Heilkräutern. Menschen mit dieser Energie haben im Lauf der Geschichte sicherlich viel zur Kräuterheilkunde beigetragen.

Altes Pflanzenwissen und damit die heilende Wirkung von Blumen und Kräutern wiederzuentdecken, ist seit Langem ein Ziel von Menschen, die sich den Kräften der Natur verbunden fühlen. Vieles davon lässt sich ganz einfach in den Alltag übernehmen. Die alten Römer etwa haben beim Bau von Lazaretten **Arnikatee** in den Mörtel gemischt, um die Information von »Heilung« in die Aura des Gebäudes zu transportieren. Aus dem Orient stammt das Wissen um die förderliche Wirkung von **Kastanien.** Später galten sie auch bei uns als Glücksbringer und wurden als Amulett gegen Krankheiten genutzt. Im Herbst lassen sie sich finden. Wer in dieser Zeit drei Kastanien bei sich trägt, gilt als gut geschützt gegen Unheil aller Art. **Majoran** war für die alten Griechen das Kraut der Aphrodite. Dieses fein-würzige Kraut um sich zu haben, verspricht Glückseligkeit, große Liebe und Eheglück. In Mitteleuropa wurde **Farnkraut** als Mittel gegen Rheuma genutzt, einfach, indem man darauf geschlafen hat. Ein Blatt davon in die Schuhe gelegt, sollte den Füßen die Müdigkeit nehmen. Zudem sollte der Farn helfen, Glück und Wohlstand anzuziehen. Die Germanen kannten und nutzten die Heilwirkung von **Spitzwegerich** – sie nannten ihn »Heilblatt«. Ein zerriebenes Blatt, auf die Haut aufgelegt, hilft, Verletzungen und Insektenstiche zu lindern. Wer sich um das Wohlergehen von Haus und Grund kümmern möchte, sollte die Kraft von **Buchweizen** nutzen und die gemahlenen Körner um Haus und Grundstück streuen. Nach germanischer Überlieferung soll Buchweizenmehl vor bösen Mächten bewahren.

Günstig auf die sensible Energie wirkt es, in Kräutern zu baden. Damit lässt sich deren Heilwirkung besonders gut nutzen. Herrlich belebend ist ein

**Vollbad mit frischen Fichtenspitzen.** Nicht umsonst galt die Fichte bei den Germanen als Sinnbild für Lebenskraft, Hoffnung und Fülle. Die hellgrünen Triebe, die Fichtenspitzen, tragen die ätherischen Öle dieser Pflanze besonders intensiv in sich. Sie lassen sich im Frühjahr finden, wenn die Bäume austreiben. Man sollte nur einige wenige nehmen, um den Baum nicht zu schädigen. Zu Hause werden die Fichtenspitzen mit einem Liter heißem Wasser übergossen. Man braucht sie dann nur einige Minuten ziehen zu lassen und kann die Mischung durch ein Sieb direkt ins Badewasser geben.

**Tipp:** Ein Bad am Morgen mit einer Handvoll **Rosmarinzweige** wirkt anregend auf die Lebenskraft und auf den Blutdruck. Ein Bad am Abend mit **Lavendelblüten** beruhigt das Gemüt und besänftigt Kopfschmerzen.

Doch nicht nur körperliche Leiden, sondern auch seelische Wunden lassen sich mit Kräutern lindern. Es sind insbesondere die psychischen Ursachen von Schmerzen und Krankheiten, auf die die Kräuter und ihre Essenzen eine enorme Wirkung haben. Heilpflanzen wirken im Übrigen auch, wenn sie nicht eingenommen oder eingerieben werden. Die Feinfühligkeit der sensiblen Energie macht es möglich, die feinen Schwingungen von Pflanzen aufzunehmen. Deshalb genügt es für diese Menschen häufig auch, Bilder davon anzuschauen oder über ihre Wirkung zu lesen. Intensiv wirken außerdem Räucherungen. Hochsensible werden die **Thuja** zu schätzen wissen. Sie gilt als wertvolle Pflanze, die die Seele schützt und empfindsamen Menschen Geborgenheit und Ruhe vermittelt. Die oft verwirrenden Einflüsse von Medien, die Reizüberflutung und auch negative Mitmenschen lassen sich mit der Kraft der Thuja besänftigen. Eine Räucherung mit ihren Zweigen hat eine stark reinigende Kraft. Die Pflanze wirkt aber auch schon durch ihren intensiven Geruch. Wer also nicht gern räuchert, kann einfach einen Thujazweig auf den Tisch legen und den Raum damit aromatisieren und energetisch reinigen.

Ihre verletzliche Seite macht es für Menschen mit sensibler Energie notwendig, sich einen guten Schutzwall um die Aura zu bauen. Hier ist eine Möglichkeit, sich zum Schutz mit einem Feld aus Licht zu umgeben. Auch kann es für sie hilfreich sein, die Essenz von heilenden Pflanzen mitzunehmen, wenn sie unterwegs sind – rein in der Vorstellung, als Kräuterfoto oder Blumenkarte oder auch greifbar als getrocknetes Kraut. Schön sind hierfür

Leinensäckchen, die mit **Salbei, Melisse** oder **Lavendelblüten** gefüllt sind. Gut eignet sich außerdem ein Schmuckanhänger, etwa ein Medaillon mit einem **Lavendelzweig.** Immer eine intensive Erfahrung ist es, sich neben eine Heilpflanze zu setzen und die Aura ganz mit ihrer Energie zu erfüllen.

Es ist für die feinfühligen Menschen mit sensibler Energie unendlich berührend, sich mitten auf eine Wiese mit **Gänseblümchen** zu setzen. Die kleinen Blumen wachsen sogar im Winter. Sie wirken zart und lieblich, sind dabei aber ungeheuer zäh. Ihre Heilkraft wirkt stark bei seelischen Verletzungen und wohltuend auf das Innere Kind. Dieses lebt inmitten von Gänseblumen auf. Wenn du Lust hast, pflücke einen kleinen Strauß oder flechte dir einen Kranz daraus, genau wie in der Kinderzeit. Du kannst die kleinen hübschen Blüten um dich herum aber auch nur genießen. Ihre freundliche Gegenwart fühlt sich an wie ein Streicheln, geborgen und liebevoll. Wenn du ein besonderes Anliegen hast, eine seelische Verletzung oder Kummer, bitte die Pflanzenseele der Gänseblümchen um Heilung. Lasse die angenehme Gegenwart der Blumen eine Weile wirken, einfach so, ganz für sich. Falls Gedanken oder Emotionen störend dazwischenfunken, lenke deine Aufmerksamkeit auf deinen Atem. Atme ein und aus, für dich und für die Blumen. Der Kreislauf des Atmens entspricht dem Geben und Nehmen zwischen Menschen- und Pflanzenwelt. Wir brauchen und stärken einander. Dann bedanke dich bei den Gänseblümchen, und komme wieder ganz in deiner Gegenwart an.

## Loslassübung:

# Achtsam und spirituell

Da die meisten Menschen mit sensibler Energie die Fülle lieben, sollten sie sich diese auch gönnen. Allerdings macht dies mehr Freude, wenn der eigene materielle Reichtum nicht aus emotional belasteten Dingen besteht, sondern aus solchen, die der Seele guttun. Sensible Menschen haben feinste Antennen. Sie können die Belastungen spüren, die einem Gegenstand anhaften, auch wenn diese nicht im Entferntesten mit ihnen selbst zu tun haben. Gern kaufen sie im Antiquariat ein oder finden auf Flohmärkten die originellsten Schnäppchen. Wackelt ein Fuß oder fehlt ein Griff, stört sie das genauso wenig wie ein Kratzer oder ein Sprung. Sie nehmen die Möbel liebevoll als Teil ihrer Familie auf und sehen ihnen die Blessuren nach. Ein jeder darf seine Macken haben. Perfektion ist nicht ihr Ziel. Mit den Gebrauchsspuren auf den Möbeln aber handeln sie sich auch deren Geschichte ein. Eine Reinigung ist daher unbedingt vonnöten. Sinnvoll ist es dazu, grobe Schäden erst auf der materiellen Ebene zu beheben, das heißt, sie zu reparieren, und sie dann energetisch zu heilen. Erst dann werden Menschen mit sensibler Energie wahre Freude an ihren Schätzen haben.

Verabschieden sollten sie sich von Dingen, die sie müde und schwer machen. Dazu reicht es meist, wenn sie die Gegenstände beim Sortieren nacheinander für einige Atemzüge langsam und bewusst ansehen. Sie sind sensibel genug, um sehr genau zu spüren, welche Teile eine energetische Reinigung brauchen. Methoden dafür gibt es unzählige. Gerade Menschen mit sensibler Energie reagieren durch ihre feinen Wahrnehmungen auf alle Arten von Energiearbeit. **Duftöle** und **Räucherungen** haben eine tiefe Wirkung, auch **Klangschalen, Kerzen** oder **Heilwasser** wirken sehr intensiv. Sie alle unterstützen die Absicht der energetischen Reinigung. Eine wertvolle Methode ist außerdem das **Segnen.** Ohnehin bringt die sensible Energie große spirituelle Kräfte zum Vorschein. Daher wirken die Rituale aus religiösen Traditionen auch so gut, wenn diese Menschen sie ausführen. Schön ist es außerdem, Rituale zu kombinieren – wie eine energetische Reinigung mit selbst gemachtem Heilwasser und einem Segensspruch.

## Reinigungsritual

**Für dieses Ritual brauchst du:**

- Gegenstände, die du klären möchtest
- Heilwasser

**Vorbereitung:**
Trage zunächst alle Gegenstände zusammen, die du energetisch klären möchtest. Reinige dich nochmals selbst durch Duschen oder Baden. Kleide dich bequem. Wenn du möchtest, versprühe einen Engelduft deiner Wahl im Raum, und zünde eine Kerze an. Dann erst beginne dein Ritual.

**So stellst du dein Heilwasser selbst her:**
Wasser kann reinigen und heilen. Heilwasser kannst du sehr gut selbst herstellen. Am besten eignet sich dazu Wasser aus einer Quelle oder einem Grundwasserbrunnen. Von diesem füllst du einen Krug ab und stellst ihn einen Tag lang in die Sonne und eine Nacht ins Mondlicht. Danach legst du beide Hände über das Wasser und sprichst einen Segen, zum Beispiel: »Sei gesegnet von den Kräften des Himmels und der Erde, von den Strahlen der Sonne und des Mondes.« Stelle dir dabei vor, wie ein Strom aus liebevoller Energie von deinem Herzen über deine Hände in das Wasser fließt. Halte deine Hände mit diesem inneren Bild noch eine Weile über das Wasser – und du hast dein eigenes, selbst hergestelltes Heilwasser.

**Die Reinigung:**
Du kannst mit dem Heilwasser Gegenstände besprühen, in denen deinem Gefühl nach belastende Emotionen gespeichert sind, und sie dadurch befreien. Breite dazu alle Dinge vor dir aus, die der Erlösung bedürfen. Sprich erneut einen Segen. Formuliere frei nach deiner Eingebung, etwa so: »Danke, dass du dich gezeigt hast. Sei gesegnet. Werde Licht.« Oder so: »Danke, dass du mich begleitet hast. Ich gebe dir meinen Segen, dir und allen Menschen, die mit dir verbunden sind.« Oder so: »Licht durchströme dich. Ich segne dich.« Klingt mystisch und ist es auch. Aber es wirkt. Spürst du das Aufatmen? Nach und nach kannst du mit deinem Heilwasser dein gesamtes Zuhause klären. Dadurch kannst du noch deutlicher wahrnehmen, welche Dinge zu dir passen und welche du besser weggeben solltest. Du wirst die neue energetische Ordnung genießen.

## Glücksübung:

# Körper und Seele berühren

Für die Seele ist es immer etwas Wunderbares, wenn Gefühle liebevoll angesprochen werden. Menschen mit sensibler Energie reagieren besonders auf Berührungen. Wenn gerade kein Liebespartner bzw. keine Liebespartnerin zur Verfügung steht und nicht einmal eine Katze zum Schmusen im Haus ist: Schenke dir eine Massage! Suche dir eine besondere aus: Wie wäre es mit einer Klangmassage? Oder einer Behandlung mit duftenden Ölen? Es wird dir guttun. Traue dich im nächsten Schritt auch, jemanden oder etwas zu berühren. Dadurch nimmst du die Welt anders wahr: »Ich fühle, ich bin.« Dieses Bewusstsein kann genügen, dich an das Wunder des Lebens zu erinnern und dieses innere Wissen weiterzugeben.

Umarme einen lieben Menschen. Streichle ein Tier.
Oder streiche sanft über die Blätter einer Pflanze.
Verschenke so die glückbringende Erfahrung
der Berührung an andere.

# Impulse für die sensible Energie

**Sport** als Kraftquelle: Schwimmen, Segeln

**Pflanzen** als Freundinnen: Kamelien, Seerosen

**Symbol** als Glücksbringer: Einhorn

**Edelsteine** als Kraftsteine: Jade, Mondstein, Türkis

**Affirmation** zum Motivieren: »Ich bin beschützt.«

**Heiltees** fürs Wohlbefinden: Frauenmantel, Kamille

**Glücksfarben** für den Erfolg: Lila, Silber

**Hobbys** zum Anregen: Kochen, Musik hören

**Geschenk** für dich selbst: Schmusekissen

**Duft** für die Seele: Ylang-Ylang

**Krafttiere** zur spirituellen Begleitung: Delfin, Ente

# Die glanzvolle Energie

## Der Charakter

Ist das Leben nicht großartig? Doch, ja, es ist voller Wunder, Pracht und Schönheit. So empfinden es zumindest Menschen mit einem hohen Anteil an glanzvoller Energie. Strahlend und glücklich gehen sie durch die Welt. Dass auch ihnen selbst ein guter Teil Bewunderung zusteht, ist für sie eine Selbstverständlichkeit. Bekommen sie davon reichlich, öffnen sie ihr großes Herz und lassen Wärme und Freude in die Welt fließen.

Eine Eigenschaft haben Menschen mit glanzvoller Energie besonders ausgeprägt zur Verfügung: die Großzügigkeit. Sie schenken und geben gern, von Herzen gern. Überhaupt tun sie alles mit ganzem Herzen – oder lassen es, wenn ihnen nicht der Sinn danach steht. Um zu erreichen, was sie wollen, brauchen sie kein Nörgeln, keinen Befehlston und auch keinen Wutausbruch. Sie haben das große Talent, ihre Wünsche so umwerfend charmant zu äußern, dass sich jeder geehrt fühlt, sie erfüllen zu dürfen. Aufgrund ihrer sonnigen Natur gelingt ihnen fast alles. Ihr Leben ist bunt. Sie sind Glückskinder. Für ihre Freundlichkeit und ihre feinen Manieren werden sie geschätzt, dank ihrer charmanten Art fliegen ihnen die Herzen zu. Sie streben nach Schönheit, Frieden und Harmonie und verstehen es, auch dann die Menschen um sie herum zu einen, wenn die Meinungen völlig entgegengesetzt sind. Einen Konsens zu schaffen, gelingt ihnen oft allein durch ein Lächeln.

## Die Einrichtung

Ein sicherer Blick für Schönheit und ein Gespür für Stil ist den Menschen mit glanzvoller Energie zu eigen. Sie erkennen, wo Kleinigkeiten verändert werden müssen, damit der Gesamteindruck stimmig ist. In der Wahl ihrer Einrichtung lassen sie es tatsächlich gern glänzen. Dekorationen in Gold und Messing sind keine Seltenheit. Sie bestücken ihre großen Räume mit mächtigen Schränken und ausgedehnten Sitzlandschaften, auf denen eine große Familie und viele Freunde Platz finden können. Massenware ist bei ihnen kaum zu finden. Sie bevorzugen alles, was einzigartig und wertvoll ist – und da ist die Bandbreite groß, sie reicht von klassischen Stilmöbeln bis zu hochmoderner Designerware. Üppige Vorhänge, hochflorige Teppiche und prachtvolle Gemälde schmücken ihre Räume, und intensive Farben spielen eine tragende Rolle.

## Die Wirkung

Die übergroße Bewunderung anderer kann Menschen mit glanzvoller Energie zum Verhängnis werden, insbesondere, wenn es sich um unerfahrene

Persönlichkeiten handelt, die sich von Schmeicheleien blenden lassen. Diese machen sie hochmütig und lassen sie denken, sie seien etwas Besseres. Sie meinen, ihnen stünde mehr als anderen zu. Dabei vergessen sie, dass der Wert aller Menschen grundsätzlich gleich ist. Ihre Aufgabe ist es, sich nicht rein auf Äußerlichkeiten zu beschränken, sondern Tiefe zuzulassen.
Fehlt die glanzvolle Energie jedoch, fühlt sich das Leben an, als sei man ein Hamster im Laufrad, der rein zum Pflichtenerfüllen geschaffen ist, freudlos und ausweglos.
In der Balance ist die herzliche Art und sprühende Lebensfreude von Menschen mit glanzvoller Energie ansteckend und herzerwärmend. Dies zu erleben, ist ein beglückendes Gefühl – es ist, als würde die Sonne aufgehen. Ernste Mahner gibt es reichlich, genauso Unkenrufer, die vor schlechten Zeiten und Gefahren warnen. Umso wohltuender ist die Wesensart der glanzvollen Energie, die aus der Idee entsteht, die eigene Schöpferkraft in sich zu entdecken und sich als göttliches Wesen zu begreifen, das Licht in die Welt aussendet. Denn Licht, Wärme und Herzensfreude kann die Welt unendlich viel gebrauchen. Sie sind der Nährboden für Harmonie und Frieden.

# Aktivierungsübung: Strahlen wie die Sonne

Sich mit der überbordenden Lebensfreude der glanzvollen Energie aufzufüllen, tut zwischendurch allen Menschen gut. Wünschst auch du dir mehr Glanz in deinem Leben? Dann überlege bei jeder Entscheidung, was Menschen mit dieser Energie wählen würden. Welche Farbe würden sie für ein Sommerfest aussuchen? Es wäre eine leuchtende, auffallende Farbe. Würden sie Schmuck tragen? Ja, unbedingt, und zwar üppigen Schmuck mit großen Perlen und mit Gold und Edelsteinen. Welche Blumen würden ihren Raum schmücken? Es wären solche mit riesigen, bunten Blüten. Welche Sätze würden sie zur Begrüßung ihrer Gäste sagen? Immer wäre ein Kompliment dabei, das allen ein Lächeln ins Gesicht zaubert.

Greife nur einmal diese vier Anregungen auf, und passe sie an dein Leben an: Gehe auf ein Fest, gleich ob im Frühling, Sommer, Herbst oder Winter, und trage ein leuchtend buntes Outfit. Wenn du meinst, dass zu starke Farben deinem zurückhaltenden Typus nicht gerecht werden, probiere zumindest einen bunten Rock oder eine bunte Hose an oder ein Tuch in einer kräftigen Farbe. Trage mehr Schmuck als gewöhnlich. Vielleicht steckst du dir sogar eine Blüte an. Schenke dir einen Blumenstrauß, aber nicht die zarten Wiesenblümchen im Wasserglas, sondern prachtvolle Gladiolen oder Sonnenblumen in der Bodenvase. Zuletzt denke dir noch freundliche, herzerwärmende Sätze aus, die du anderen Leuten mitteilst, sei es als Sprachnachricht, als E-Mail oder persönlich. Nur Freundliches sollte darin enthalten sein. Lasse die Worte aus deinem Herzen fließen, und sie werden die Herzen der anderen erreichen. So kannst du dich einspüren in die glanzvolle Energie. Das positive, sonnige Gemüt, das Menschen mit dieser Kraft in sich tragen, macht sich dann schließlich auch bei dir immer intensiver bemerkbar. Du wirst sehen, wie gut sich diese glanzvollen Eigenschaften anfühlen – und auch, wie gut sie sich in dein Wesen integrieren lassen.

Eine Besonderheit der glanzvollen Energie ist, dass sie das Gefühl gibt, auf der Erde willkommen, wertvoll und wichtig zu sein. Menschen mit dieser Kraft ist bewusst, dass sie unverwechselbar sind. Sie kennen ihre Talente und füllen daher ihren Platz im Leben mit großer Begeisterung aus. Andere dagegen hegen oftmals Zweifel. Sie haben sich vielleicht schon in der Kindheit beirren lassen und fühlen sich auch als Erwachsene noch nicht willkommen. Findest du dich hier wieder, solltest du das ändern! Hast du Lust auf Bedeutung? Und garantiert keine Lust mehr auf Mauerblümchen? Möchtest du gern ein sonniges Gemüt haben, statt in allem ein Problem zu sehen? Würdest du gern mehr strahlen? Lasse dich nicht aufhalten! Schaue dir das Sonnensymbol auf dieser Seite an. Es ist von schwungvollen Strahlen und Lichtfunken umgeben – und somit dafür gemacht, Licht in die Welt zu senden.

## Dein persönliches Sonnensymbol

**Für diese Übung brauchst du:**
- Papier und Farbstifte
- 1 Foto von dir

Zeichne dir nun deine eigene Sonne, gern nach dem vorgegebenen Muster. Nimm Farbstifte, und male sie in prächtigen Farben aus. Gold, Orange und Gelb sind die traditionellen Farben dafür. Du kannst für einige Strahlen aber auch Rot und Rosa verwenden und für den Hintergrund, sofern du diesen ausmalen möchtest, Hellblau, Silber und Königsblau nehmen – oder welche Farben auch immer du aktuell bevorzugst. Lasse deine Fantasie spielen, und bringe deine Sonne richtig schön zum Leuchten! Zum Schluss klebst du ein Foto von dir in die Mitte. Fühle, wie schön es ist, so herrlich strahlen und weithin leuchten zu dürfen!

Du weißt ja, dass jeder Mensch und jedes Wesen eine Sonne in sich trägt, auch wenn sich nicht alle dessen bewusst sind. Stelle dir dennoch dieses

Strahlen bei anderen vor. Es macht die Menschen sympathisch, sie als leuchtende Sonnen zu sehen, nicht wahr? Es gibt ihnen Würde. Damit bringst du auch ihre Seele zum Leuchten.

Wenn du schon beim Malen bist, mache doch gleich weiter und bemale Gegenstände. Die Ausrede, du seist nicht kreativ, zählt nicht. Jeder Mensch hat so seine Talente. Es geht hier auch nicht darum, große Kunst zu erschaffen, sondern um die Freude an Farben. Beginne damit, Materialien zu sammeln wie Kieselsteine, Glasflaschen oder Blumentöpfe aus Ton. Nimm Ölkreide, Filzstifte oder Wasserfarben, und bemale all diese Dinge.

Spiele mit den Farben. Jedes Teil kann seinen eigenen Farbton bekommen. Manch ein Stein möchte vielleicht zweifarbig werden, ein anderer ganz bunt, wieder ein anderer naturbelassen bleiben und nur durch Klarlack etwas Glanz bekommen. Oder du gibst allen Teilen dieselbe Grundfarbe und malst in einem anderen Ton Muster wie Zickzacklinien, Punkte oder Streifen auf, wenn du möchtest, auch Blumen und Kringel. Lasse deiner Lust am Malen freien Lauf. Falls du zwischendurch zweifelst, erinnere dich: Diese Kunst wird nicht verglichen und nicht bewertet. Sie ist für dein Herz und deine Freude gedacht.

## Balanceübung:

# Edelsteine zum Schmücken und Heilen

Eleganz und Stil wahren Menschen mit glanzvoller Energie in jeder Situation. Anderen mögen der Drang nach Haltung und das ausgeprägte Körperbewusstsein übertrieben erscheinen, doch für die glanzvolle Energie lässt sich echtes Wohlgefühl eben nur auf diesem Weg erreichen. Das hat auch sein Gutes: Es tut der Seele gut, wenn sie in einem Körper wohnen darf, der gepflegt und geschmückt ist, und in einer Umgebung leben kann, die einladend und attraktiv ist. So ist es kein Zufall, dass die Freude an Edelsteinen bei Menschen mit glanzvoller Energie besonders groß ist. Das Schimmern und Funkeln ist für alle Menschen faszinierend. Seit jeher üben diese farbigen Steine eine große Anziehungskraft aus – und Menschen mit glanzvoller Energie sprechen sie schon aufgrund ihrer Schönheit an. Wesentlich hierbei ist, dass Edelsteine nicht nur schmücken, sondern auch positiv auf das Gemüt wirken und sogar heilende Eigenschaften haben. Damit bringen sie äußere Schönheit und inneren Wert in Einklang und sind wie geschaffen für die Bedürfnisse der glanzvollen Energie.

Spannend ist, dass die Wirkung der Steine oft mit ihrer Farbe im Gleichklang schwingt. Bei den Farben ist es so: Rot aktiviert, Gelb macht aufgeschlossen, und Grün beruhigt. Rosa wirkt sanft und lieblich. Blau festigt, und Violett erhebt die Seele. Diese Grundkenntnisse helfen, den Bogen zu den Steinen zu spannen. Indem du dich mit der Farbenlehre vertraut machst, kannst du dieses Wissen mit der Edelsteinkunde verknüpfen und auf diese Weise passende Steine für dich finden.

**Rosafarbene** Edelsteine wie Kunzit, Rosenquarz und Rhodochrosit strahlen immer etwas Liebevolles aus. Sie wecken die Zärtlichkeit und öffnen für Verständnis, Versöhnung und Liebe.

**Rote** Edelsteine wie Granat, Rubin und Feuerstein aktivieren die Lebensenergie und verleihen einen starken Schutz. Sie machen mutig und regen die Aktivität an. Außerdem lassen sie starke Wurzeln schlagen.

**Orange** Steine wie Bernstein, Karneol und Goldtopas haben eine starke Schutzkraft. Sie ähneln der Sonne und erinnern uns daher an unsere eigene innere Sonne. Sie machen sehr selbstbewusst.

**Gelbe** Steine wie gelber Apatit, gelber Beryll und Citrin erhellen den Geist und klären das Gemüt. Sie haben eine auflockernde und befreiende Wirkung, machen fröhlich und stärken das Selbstvertrauen.

**Grüne** Steine gibt es eine ganze Reihe, darunter Aventurin, Jade, Heliotrop, Malachit und Smaragd. Sie verbinden mit der Natur. Ihre Fähigkeit zum Ausgleichen und Harmonisieren ist unerreicht.

**Blaue** Steine wie Chalzedon, Lapislazuli, Saphir oder Sodalith tragen den Himmel in sich. Sie lassen uns träumen und stärken das Vertrauen in Gott und die Welt – und auch in uns selbst.

**Violette** Steine, darunter Amethyst und Sugilit, haben eine starke Transformationskraft. Sie sind die Steine mit der größten spirituellen Wirkung und verbinden mit der göttlichen Welt.

Die Farbe macht zwar nur einen Teil der sehr umfangreichen Edelsteinkunde aus, in der auch Kristallstruktur und chemische Zusammensetzung eine Rolle spielen, aber damit wird der Einstieg leicht. Die beliebtesten Edelsteine findest du nachfolgend noch einmal zusammengefasst:

| Stein | Farbe | Wirkung |
|---|---|---|
| Rosenquarz | Rosa | Verständnis, Liebe |
| Rubin | Rot | Kraft, Mut |
| Bernstein | Orange | Reichtum, Lebensfreude |
| Citrin | Gelb | Freiheit, Klarheit |
| Smaragd | Grün | Heilung, Harmonie |
| Saphir | Blau | Erfolg, Vertrauen |
| Amethyst | Violett | Transformation, Spiritualität |

Der Weg zu den Edelsteinen ist damit gebahnt, und du kannst dich nun jeden Tag mehr mit diesen funkelnden Geschenken der Erde vertraut machen. Lasse deine Freundschaft mit den Edelsteinen spielerisch weiter wachsen, indem du dir Steine in der Farbe besorgst, die dich gerade anspricht, oder mit der Wirkung, die du dir wünschst. Beides ist eine spannende Erfahrung. Dabei spielt es keine Rolle, ob du dir einen Rohstein, einen geschliffenen Handschmeichler oder einen in Schmuck gefassten Edelstein aussuchst. Wichtig ist, dass der Stein in der nächsten Zeit deine Aufmerksamkeit hat und du dich mit ihm verbinden kannst.

Hast du mehrere Steine zur Verfügung, spiele mit ihnen. Lege Muster auf deinem Tisch aus – einen Kreis, eine Spirale, eine Blume. Werde gern auch dreidimensional, und baue bunte Steinhaufen, oder staple die Steine vorsichtig zu einem kleinen Turm. Bilde Gruppen von Steinen nach Größe, nach Farbe oder einfach nach Gefühl. Nimm mit geschlossenen Augen einen deiner Steine in die Hand, und erfühle seine Oberfläche. Ist sie glatt, spürst du Einschlüsse, ist sie kantig und rau? Dann schaue dir deinen Stein bewusst an. Meditiere über seine Form, seine Farbe, seine Maserung. Jeder Stein ist ein einzigartiges Wesen – wie wir Menschen auch und wie alles, was die Natur erschaffen hat. Lasse dich von deiner Intuition leiten. Im täglichen Umgang mit den Steinen wird dein Kontakt zu ihnen intensiver, und du beginnst schließlich die Qualität zu fühlen, die ein Stein ausstrahlt.

# Entspannungsübung: Orte der Macht kennenlernen

Zu dicht dran an den eigenen Problemen? Zu fixiert auf die Fragen des Tagesgeschehens? Da hilft eine Auszeit, ein Tapetenwechsel. Doch nicht immer hat man ausreichend Muße und finanzielle Mittel für eine lange Reise. Manchmal mangelt es auch an der passenden Begleitung. Für eine virtuelle Reise aber reichen Zeit und Geld immer, und Reisegefährten braucht man auch nicht lang zu suchen. Abstand zu den Alltagsthemen lässt sich auf diese Weise sehr gut bekommen. Die Wahrnehmung wird weiter, neue Inspirationen strömen ein. Wendet sich dann der Blick wieder auf die alltäglichen Belange, ist eine großzügigere Sichtweise möglich. Man fühlt sich wieder selbstbewusst, kraft- und machtvoll genug, die Anliegen handeln zu können.

Die glanzvolle Energie steht als Synonym für Größe, Macht und Großzügigkeit. Sie lässt groß denken und großzügig handeln. Menschen mit dieser Energie sind in der Lage, über den Horizont hinauszuschauen. Ihre Vorstellungsfähigkeit und ihre schöpferischen Kräfte sind enorm ausgeprägt. Sie wissen: Was sie denken, können sie auch verwirklichen. Sie fühlen sich machtvoll genug, ihre Gedanken umzusetzen.

Das schöpferische Bewusstsein der glanzvollen Energie ist oft an Zentren der Macht zu finden. Mit ihren Gärten, Plätzen und Schlössern haben mächtige Menschen in allen Zeiten und Kulturen etwas geschaffen, was ihr eigenes Leben überdauert, etwas, was weiter und größer ist als sie selbst. Diese großartige Ausstrahlung ist an solchen Orten zu finden. Nun gibt es angenehme Orte der Macht und unangenehme – denn die Macht ist eine der großen Herausforderungen für Menschen. Sie kann den Charakter veredeln oder zerstören.

Ist Macht also gefährlich? Nicht gefährlicher als die Ohnmacht. Mit Macht umzugehen, kann man lernen. Sie nicht anzunehmen, hieße, in der Ohnmacht zu verharren und mit sich machen zu lassen, was andere wollen. Das ist ziemlich sinnlos und auch unnatürlich. Denn die Anlagen eines Menschen wollen sich verwirklichen. Deshalb sind wir doch hier, um unsere Anlagen kennenzulernen und sie auszuprägen. Sich mit dem Thema Macht auseinanderzusetzen, ist also durchaus heilsam, insbesondere für Menschen, die Macht, genau wie Geld, als anrüchig und schädlich für den Charakter ansehen.

Die eigene Bedeutsamkeit wieder zu spüren, lässt sich lernen – etwa, indem man sich auf den Platz eines machtvollen Menschen stellt. Dieses Gefühl soll die eigene Größe nicht aufblähen, sondern die Erinnerung daran zurückbringen, wie herrlich es ist, um die eigene Bedeutung zu wissen und sich Glanz zu erlauben. Vorübergehend kann man sich durchaus mit Fremdenergie »aufblasen«. Auf Dauer aber wäre es viel zu anstrengend, ständig auf fremde Energien angewiesen zu sein, zudem wirkt es unecht und anmaßend.
So soll die Lösung auch nicht aussehen. Sie besteht vielmehr darin, sich nur einmal in das Bewusstsein von Macht und Größe einzufühlen. Dabei hat jeder sein eigenes Maß und wird sich manchmal mehr, manchmal weniger gönnen. Mit diesem Maß lässt sich spielen. Der Selbstwert verträgt vielleicht noch ein Schippchen mehr, das Getue ein bisschen weniger. Teste es aus, und schaue, wie sich dein Bewusstsein für Macht und der damit verbundenen Größe und Großzügigkeit im Laufe der Zeit verändern.

Die Herrscher in der Zeit der großen Königreiche verstanden es, Macht auf sich zu konzentrieren. Auch wenn sie ihre Macht eines Tages verloren haben, so tragen die Bauwerke aus diesen Phasen die ursprüngliche Energie noch in sich, denn sie wurden in den Hochzeiten der Macht errichtet. Solche Plätze lassen sich direkt und auch virtuell kennenlernen. Beschäftige dich in der Theorie damit, lies darüber, und lasse Bilder auf dich wirken. Wenn es dir möglich ist, besuche solche Stätten der Macht. Unternimm eine Reise dorthin, und stelle dich mitten auf einen Königsplatz, in den Ballsaal eines Schlosses oder in einen bedeutenden Park.

Lasse dich auch immer wieder zu virtuellen Ausflügen einladen. Suche dir eine große Stadt aus, und finde heraus, welche bedeutenden Bauwerke diese Stadt zieren – Brücke, Schloss, Kirche, Opernhaus, Büroturm, Rathaus, Tor, Stadion … Erforsche zum Beispiel, wie alt das Bauwerk ist und welche Ereignisse dort im Lauf der Geschichte stattgefunden haben. So machst du dich, auch wenn eine Reise gerade nicht möglich ist, mit machtvollen Orten vertraut.

Es müssen übrigens nicht zwingend menschengemachte Plätze sein, die du auswählst. Eine spannende Variante ist es, natürliche Orte der Macht aufzuspüren. Dazu zählen viele große Naturwunder wie der Grand Canyon, der Mount Everest oder die Iguazú-Wasserfälle. Doch auch an weniger bekannten Orten lässt sich ein natürliches Machtzentrum finden, etwa in Form einer uralten Eiche oder eines markanten Felsens. Gehe aufmerksam durch deine Welt. Schaue auf deinen Spazierwegen genauer hin, was deine Umgebung an Besonderheiten bietet. Mache Bilder davon, und gestalte dir eine eigene Karte mit deinen Orten der Macht!

# Loslassübung:
# Prachtvoll und herzlich

Als sinnliche Wesen sollten sich Menschen mit glanzvoller Energie immer wieder ihrem rauschhaften Verlangen nach Verzierungen und Farben hingeben. Es macht sie so herrlich lebendig und lässt ihre Aura glühen. Dazu gehört auch, dass sie ihre Freude an schönen Dingen nicht unterdrücken. Sie ist schließlich ein Teil ihres Wesens. Damit würdigen sie, dass unser Planet wunderbare Geschenke für alle Sinne hat.

Nur wenn sich zu viel angesammelt hat, sollten sie sich von einigen Dingen trennen, um ihr ebenfalls vorhandenes Bedürfnis nach Raum nicht untergehen zu lassen. Doch könnten sie sich aus ihrem Drang nach Bewunderung und Anerkennung heraus zu rasch dazu entscheiden, einen Gegenstand zu behalten, der ein bedeutendes Statussymbol ist, und einen anderen weggeben, der »nur« einen ideellen Wert hat, etwa ein Mitbringsel von einer Reise mit dem Liebsten oder ein Erbstück der Großmutter. Diese Diskrepanz gilt es zu überwinden. Denn eine wahrhaft herzliche Atmosphäre lässt sich nicht mit teuren Dingen herstellen, sondern mit Dingen, die das Herz auswählt. Menschen mit glanzvoller Energie sollten die Entscheidung, was bleibt und was geht, also in erster Linie mit dem Herzen treffen. Dann wissen sie, dass sie richtig gewählt haben.

Ist auch dir das Gefühl dafür verloren gegangen, dein Herz sprechen zu lassen? Die Ahnung von dieser inneren Kraft ist dennoch in dir verankert. Inmitten von großer Kunst und auch in einem Farbenritual kannst du deine persönliche Herzensfarbe finden bzw. wiederfinden.
Gönne dir viel. Genieße die Werke, die große Künstlerseelen erschaffen haben. Das öffnet deine Seele, sodass du die Größe der Schöpfung geistig erfassen kannst. Du liebst doch auch sonst den großen Wurf. Was immer du unternimmst, trägt etwas Bedeutendes in sich, etwas, was über das Alltägliche hinausgeht. Schenke dir also ein großartiges Erlebnis. So wird die Schönheit der Welt sichtbar, und du ziehst Vertrauen und Herzensfreude in dein Leben. Falls eine große Reise oder ein außergewöhnlicher Event gerade nicht machbar sind – es gibt andere Möglichkeiten. Schaue dir eine

Oper an, live oder auf DVD, und lasse die grandiose Musik durch jede Körperzelle rauschen. Besuche ein Museum, direkt oder im Internet, und nimm die große Kunst in deine Seele auf. Lasse Bilder einer weiten Landschaft auf dich wirken, in echt oder auf dem Bildschirm. Lasse Größe in deinem Leben spürbar werden.

Dann tauche ein in eine bunte Welt. Versetze dich in einen Rausch von Farben. Nimm einen großen Papierbogen, besorge dir Filzstifte, Fingerfarben oder Ölfarben, und male. Male drauflos, bei Sonnenschein, mit Musik im Hintergrund oder mit Vogelgezwitscher. Male nur Farben, lasse dein Herz und deine Hand die Töne auswählen und Stift und Pinsel führen, schwungvoll, kantig, wild und frei. Ist es schön? Ist es Kunst? Frage nicht danach, sondern genieße nur die Farben. Male alle Begrenzungen aus dir hinaus, jede Traurigkeit, jede Schaurigkeit. Lasse hinausfließen, was du über Geld und Wert gelernt hast, so lange, bis dein Herz leer und frei ist und es sich mit neuer Kraft füllen kann. Jetzt tauche auf aus deinem Farbenrausch, und lasse vor deinem inneren Auge eine eigene Farbe entstehen – deine Herzensfarbe.

Wenn es dann wieder um Entscheidungen geht, wie eben, welches Teil du behalten willst und von welchem du dich trennen kannst, brauchst du dich nur in Gedanken mit dieser Farbe zu umgeben. Vom Herzen aus lässt du diese Farben in deine Aura und deine Umgebung ausströmen. So siehst du wieder mit dem Herzen und kannst goldrichtige Entscheidungen treffen. Du kennst nun den wahren Wert von Dingen, von denen du bislang nur den Warenwert kanntest. Damit weißt du, was du behalten und was du weggeben kannst.

# Glücksübung:
# Anziehend für Glück

Es gibt sie, die großen Ereignisse im Leben, die glücklich machen: die Hochzeit mit dem Traumpartner, die Geburt eines Kindes, ein bedeutender Erfolg im Beruf, ein wichtiger Sieg im Sport, die Genesung von einer Krankheit, ein erfüllter Herzenswunsch. Das alles ist etwas Wunderbares und wirkt im Leben wie eine Zäsur. Menschen mit glanzvoller Energie sammeln diese kostbaren Augenblicke.

Im Grunde aber lädt jeder Tag dazu ein, das Glück des Augenblicks zu empfinden. Das Leben ist keine Kette von langweiligen oder gar leidvollen Tagen. Auch in Zeiten, in denen alles durcheinanderläuft, gibt es zwischendurch etwas zu lachen. Beobachte deine Tage, und beginne damit, die großen und kleinen Glücksmomente zu würdigen, täglich aufs Neue. Vielleicht möchtest du sie auch aufschreiben, dir ein kleines Glückstagebuch zulegen. Du kannst dir viele helle Momente selbst erschaffen. Sie überstrahlen dein Sein, auch wenn gerade kein großer Event ansteht.

Das Geheimnis ist, dass du mit einer inneren Haltung der Wertschätzung das Schicksal einlädst, dir weiteres Glück zu senden.

## Impulse für die glanzvolle Energie

**Sport** als Kraftquelle: Golf, Tennis

**Pflanzen** als Freundinnen: Sonnenblumen, Rosen

**Symbol** als Glücksbringer: Fensterkristall

**Edelsteine** als Kraftsteine: Diamant, Sonnenstein, Tigerauge

**Affirmation** zum Motivieren: »Mein Leben ist ein Fest.«

**Heiltees** fürs Wohlbefinden: Lorbeer, Sonnenhut

**Glücksfarben** für den Erfolg: Orange, Gold

**Hobbys** zum Anregen: Malen, Schauspielen

**Geschenk** für dich selbst: Schmuckstück

**Duft** für die Seele: Neroli

**Krafttiere** zur spirituellen Begleitung: Hirsch, Löwe

# Die klare Energie

## Der Charakter

Mit ihnen kann man rechnen! Menschen mit klarer Energie gelten als zuverlässige und treue Freundinnen und Freunde. Sie sind da, wenn sie gebraucht werden: Sie packen beim Umzug mit an, gießen die Blumen, wenn man verreist ist, oder helfen beim großen Hausputz. Sie sind wohltuend verlässlich. Termine wollen sie rechtzeitig wissen, denn sie lieben es, ihre Tagesabläufe vorzubereiten und ihre Pläne geordnet umzusetzen. Die klare Energie drängt dazu, nützlich und dienlich zu sein. Finden Menschen mit dieser Kraft eine Aufgabe, fühlen sie sich wohl. Sie mögen es, gebraucht zu werden. Sie sind treu zur Stelle, wenn Verantwortung und Arbeit verteilt werden. Auszuruhen kommt ihnen erst in den Sinn, wenn alle Pflichten getan und alle in ihrem Umfeld versorgt sind. Dann wissen sie auch fröhlich zu feiern.

In ihrem Element fühlen sie sich aber, wenn sie etwas leisten können. Menschen mit klarer Energie beanspruchen keine Extras, weder in einer Führungsposition noch beim Essen noch bezüglich ihrer Kleidung oder ihres Zuhauses. Die Schlichtheit und Geradlinigkeit, die sie ausstrahlen, ist vor allem dann sehr wohltuend, wenn sich alles überladen anfühlt, von der Dekoration bis hin zu großen Versprechungen, die nicht eingehalten werden. Bei Menschen mit klarer Energie passiert das nicht. Sie tun, was sie sagen. Ihre Aufgaben meistern sie konzentriert. Auch riesige Steine, die im Weg liegen, schaffen sie mit Ausdauer und Ehrgeiz weg.

Logisches Denken könnten sie erfunden haben. Sie lassen kein Detail aus den Augen. Unbestechlich und konzentriert behalten sie den roten Faden und entwirren ein Gestrüpp an Ideen und Fantasien, bis sie schließlich zu einem folgerichtigen Ergebnis gelangen. Glasklar vermögen sie zwischen Gefühl und Verstand zu unterscheiden. Sie ordnen, was durcheinander ist, entwickeln Ziele und legen Etappen fest. Sie strukturieren Raum und Zeit. Visionen zu entwerfen oder eine Idee mit Fantasie auszuschmücken, ist nicht das Ziel von Menschen mit klarer Energie. Sie wollen beschreiben, was ist – und nicht, wie sie es gern hätten. Die klare Energie hilft, das Leben zu vereinfachen und überschaubar zu machen.

Sicherheit ist für Menschen mit dieser Kraft wesentlich. Sie brauchen feste Strukturen und einen verlässlichen, möglichst immer gleichen Ablauf, um sich wohlzufühlen. Dann erst können sie sich öffnen und zeigen, was für ein empfindsames Wesen sie im Grunde haben und wie fürsorglich sie sich auch um andere kümmern. Immer übernehmen sie die Verantwortung. Im Vordergrund steht bei Menschen mit klarer Energie ihre ausgeprägte Hilfsbereitschaft. Sie weinen nicht mit Leidenden, sondern packen an. Dabei bleiben ihre Gefühle durchaus sachlich. So erkennen sie klar, welche Unterstützung nötig ist. Diese geben oder organisieren sie.

## Die Einrichtung

In ihrem Zuhause achten Menschen mit klarer Energie ebenfalls auf Überschaubarkeit. Sie haben es gern sauber und ordentlich. Ein Durcheinander an Stilrichtungen, Farben und Formen gibt es bei ihnen nicht, wohl aber Geradlinigkeit und Einfachheit. Daher geben sie Weiß, Schwarz und Grau den eindeutigen Vorzug vor allem Bunten. Dekoratives findet sich bei ihnen nur, wenn ein Sinn dahintersteckt, nicht aus Lust am Verzieren. Sie schätzen natürliche Materialien wie Holz und Stein, haben aber keine Scheu vor moderner Technik. Wenn diese das Leben vereinfacht, integrieren sie sie gern.

## Die Wirkung

Fehlt die klare Energie, breiten sich Verwirrung und Ängste aus. Die Menschen ergehen sich in Vermutungen und glauben Dinge, ohne sie zu hinterfragen.

Ist die klare Energie im Übermaß vorhanden, hat es die Fantasie schwer, durchzudringen. Die Welt wird oftmals als kantig, langweilig und sachlich empfunden. Es mangelt an Lieblichkeit, stattdessen nehmen Kritiksucht und Perfektionsdrang überhand.

In der Balance bringt die klare Energie Licht dorthin, wo Aufklärung nötig ist, doch sie lässt Spielraum für Entwicklungen und Meinungen. Die Sachlichkeit und die Klarheit dieser Energieform sind in einer zunehmend virtuellen Welt, in der so viele gegensätzliche Informationen durch den Raum schwirren, überaus wohltuend. Diese Energie lässt klar denken und klarsehen und schafft damit die Voraussetzung dafür, Erkenntnisse und Einsichten zu gewinnen, die nicht von aktuellen persönlichen Befindlichkeiten überlagert sind.

# Aktivierungsübung: Zwölf Werte

Es passiert fast nebenbei – während wir denken, lesen und reden, meldet sich der innere Kommentator und fängt an, zu nörgeln. Das tut niemandem gut, weder uns selbst noch den Menschen, auf die es gemünzt ist. Einmal einen Tag lang nicht zu meckern, nicht zu urteilen und nicht zu werten, ist keine leichte Sache. Eine gute Sache aber ist es, wenn wir uns immer mehr angewöhnen, vorurteilslos durchs Leben zu gehen. Ein erster Schritt ist die folgende Übung.

## Die Nörgelkur

Beobachte ab jetzt eine Stunde lang deine Gedanken. Enthalten sie Nörgeleien, Urteile und Wertungen, rufe innerlich STOPP. Lasse den negativen Gedanken ersatzlos fallen. Morgen nimmst du dir den ganzen Vormittag dafür Zeit, und übermorgen gilt die neue Regel zusätzlich am Nachmittag. Danach schaue, wie du dich damit fühlst. Weniger gestresst, weniger angespannt, weniger verärgert? Auch weniger frustriert? Dann lege gleich mit der nächsten Übung nach.

## Die Talentliste

Schreibe zwölf positive Eigenschaften und Talente von dir auf. Worin bist du gut? Kannst du zum Beispiel gut zuhören, bist du hilfsbereit oder ordnungsliebend? Lachst und singst du vielleicht gern? Oder bist du ein ehrlicher Mensch? Lasse dir Zeit, und fülle deine Liste.
Danach lies all deine schönen Eigenschaften nochmals durch. Klopfe dir anerkennend auf die Schulter. Beglückwünsche dich. Du kannst stolz auf dich sein. Freue dich über dein Sein und deinen Wert! Sei dankbar, dass du genau so bist, wie du bist.

Die klare Energie unterstützt dich darin, dich ernst zu nehmen und deine Interessen zu vertiefen. Etwas in Ordnung zu bringen, was zuvor in Unordnung war, ist eines der großen Talente von Menschen dieser Energie. Das ist über Gedankenspiele möglich, die das Verständnis fördern und Aha-Erlebnisse schenken, etwa mit der oben beschriebenen »Nörgelkur« und der »Talentliste«. Doch auch die Beschäftigung mit ideellen Werten kann guttun. Bist du bereit? Dann versuche dich in dem Wortfindungsrätsel »Zwölf Werte«. Die Übung regt dich dazu an, dich neu auszurichten und dir wertvolle Ziele zu setzen.

## Dein Wertesystem

Zwölf Begriffe, die ideelle Werte ausdrücken, sind in der nachstehenden Tabelle versteckt. Ihre Bedeutung ist im Anschluss erläutert. Lasse deinen Blick von oben nach unten und von links nach rechts über die Buchstaben schweifen. Welches Wort fällt dir als Erstes auf? Welche Bedeutung siehst du darin? Nimm diesen Begriff als Ziel, nur für heute: »Diesem Wert schenke ich heute in meinem Leben besondere Beachtung.« Finde nach und nach alle zwölf Werte – vielleicht an zwölf Tagen hintereinander? Du wirst sehen: Mit der Zeit wertest du damit dein Leben auf.

Lasse auch andere »ihre« Wörter und Werte finden. Diese sind immer eine gute Anregung, um gemeinsam darüber zu meditieren oder zu diskutieren. Eine schöne Idee ist es außerdem, jedem der kommenden zwölf Monate einen eigenen Wert zu widmen. Das heißt, du förderst in jedem Monat bewusst die Eigenschaften, die mit dem zugewiesenen Wert verbunden sind. Du arbeitest die Details heraus, lässt sie immer klarer werden und integrierst den Wert in dein Leben. Wähle darüber hinaus gern weitere Werte. Davon gibt es viele – denke nur an Dankbarkeit, Sinnlichkeit oder Fürsorglichkeit.

| | | | | | | | | | | | |
|---|---|---|---|---|---|---|---|---|---|---|---|
| B | L | F | R | K | E | T | A | A | L | B | I |
| P | F | R | I | E | D | E | N | M | I | E | Y |
| K | P | E | N | E | R | G | I | E | E | G | U |
| L | N | I | P | T | S | D | H | C | B | E | S |
| A | K | H | F | D | T | M | Y | C | E | I | K |
| R | U | E | R | F | O | L | G | B | C | S | T |
| H | M | I | E | C | C | K | R | A | F | T | N |
| E | D | T | U | M | N | S | O | C | N | E | R |
| I | R | X | D | N | M | T | M | Z | M | R | I |
| T | E | I | E | L | U | P | T | R | E | U | E |
| B | S | V | E | R | T | R | A | U | E | N | Y |
| M | U | P | D | E | X | B | N | X | P | G | E |

Das Lösungsbild zu dieser Übung findest du auf S. 139.

## Die Bedeutung der zwölf Werte

**Begeisterung**
Erinnere dich an eine Sache, für die du dich einmal mit ganzem Herzen begeistert hast! War es eine Arbeit, ein Hobby, die erste eigene Wohnung, der Hausbau, eine Reise? Docke an diese Begeisterung an. Fühle sie erneut durch deine Adern strömen, und lasse dich davon zu einem neuen Ziel führen.

**Energie**
Energie ist die Grundlage, die uns Ideen kreieren und Vorhaben verwirklichen lässt. Ohne Energie fühlt sich das Leben matt und trüb an. Energie

kann der zündende Funke sein, der Einfälle möglich macht, und sie kann die Ausdauer sein, die wir brauchen, um ein Projekt durchzuhalten.

### Erfolg

Erfolg ist nicht nur das, was im Außen sichtbar, messbar und bewertbar ist und was andere dir als Verdienst zugestehen. Erfolg ist auch das, wofür du dir selbst Anerkennung schenkst. Erlaube dir viele Erfolge: Den Berg an Wäsche zu bügeln, die Steuererklärung zu machen, das Unkraut aus dem Gemüsegarten zu entfernen – getane Alltagsarbeit lässt sich wunderbar als Erfolg feiern. Warum denn nicht?

### Freiheit

Manchmal gerät man in einen Strudel, in dem andere Menschen oder Medien das eigene Leben zu bestimmen scheinen. Dann wird es Zeit, sich wieder auf die persönliche Freiheit zu besinnen und eine Entscheidung zu treffen, bei der die einzige Begründung lautet: »Weil ich es so will.« Das tut gut!

### Freude

Das Leben ist ein guter Grund zur Freude. Dass dies nicht jeden Tag gelingt, bringen die wechselhaften Lebensumstände mit sich. Dennoch verbringen viele Menschen zu viel Zeit damit, sich Sorgen zu machen und zu grübeln, anstatt sich zu freuen – obwohl sich meist eine ganze Menge Freude finden ließe. Die Aufgabe für diesen Tag, diese Woche, diesen Monat ist es, viele Augenblicke der Freude zu finden, zu empfinden und auch zu verschenken.

### Frieden

Für den Weltfrieden zu beten, ist immer eine gute Idee. Doch im eigenen Umfeld lässt sich am einfachsten damit anfangen, ein Feld des Friedens zu erschaffen. Gibt es einen Menschen, mit dem du im Zwist lebst? Trägst du jemandem etwas nach, hegst du einen Vorwurf? Mache deinen Frieden damit – und wenn es nur mit einem einzigen Menschen ist.

### Klarheit

Was ist richtig? Wer hat recht? Sind das noch meine Ziele? Der eine zerrt hier, die andere dort. Die Verwirrung nimmt zu. Immer wieder gilt es daher, für sich selbst Klarheit zu schaffen und den inneren Raum frei zu bekommen, um sich wieder ganz bewusst wahrzunehmen.

### Kraft

Kraft wird oft mit körperlicher Kraft gleichgesetzt. Dabei sind die geistigen und seelischen Kräfte die eigentlichen Antriebskräfte des Menschen. Werde dir deiner Stärke bewusst! Was vermagst du mit Körperkräften? Wie ist es um deine geistige und seelische Kraft bestellt?

### Liebe

Die Liebe ist das Zentrum des Seins. Sie ist auch der Anfang und das Ziel. Sie umfasst einfach alles. Die Liebe im Leben wahrzunehmen, ist, wie ein Licht anzuzünden – ein Licht, das den Geist erleuchtet und das Herz erwärmt. Das Geheimnis der Liebe ist: Sie vermehrt sich, wenn sie geteilt wird. Spüre das Licht der Liebe in deinem Inneren, und strahle es aus.

### Mut

Um den ersten Schritt zu tun, braucht es Mut. Um Hindernisse zu überwinden, braucht es Mut. Um einen Streit zu schlichten, braucht es Mut. Ohne Mut passiert gar nichts – da bleibt man auf dem Sofa sitzen. Erfülle dein Leben mit Mut, und es wird sich reich anfühlen.

### Treue

Wir können einer Sache treu sein, und wir können einem Menschen treu sein. Unbedingt aber sollten wir uns selbst treu sein. Das bedeutet, nicht die eigenen Werte zu verraten und sich nicht für etwas zu verkaufen, was wir doch eigentlich nicht wollen. Worin bist du dir treu geblieben? Baue von hier aus die Treue zu dir und zu anderen weiter aus.

### Vertrauen

Misstraust du anderen Menschen generell? Oder hegst du Skepsis gegenüber einigen Berufsgruppen, Religionen oder Kulturen? Misstraust du gar dem Leben? Dabei macht Vertrauen so vieles leichter. Hierbei kann die Seele entspannen. Das macht sie frei und neugierig auf neue Erfahrungen. Übe dich in Vertrauen – und das Leben kann kommen.

# Balanceübung:
# Der positive Kern

Trotz aller Leistungsbereitschaft, Struktur und Genauigkeit: Die Empfindsamkeit von Menschen mit klarer Energie ist größer, als man beim ersten Kennenlernen vermuten würde. Manchmal wirken diese Menschen nur deshalb abweisend, weil es ihre Art zu überleben ist. Würden sie alle Emotionen in sich einlassen, könnten sie sie nur schwer ertragen. Gerade ihre Empfindsamkeit lässt es zur Notwendigkeit werden, andere Schicksale nicht zu nah an sich heranzulassen. Es ist für sie eine Gratwanderung, Abstand zu wahren und damit für Selbstschutz zu sorgen, doch dabei nicht unnahbar und gleichgültig zu werden.

Viele Menschen leben tagtäglich ohne Zurückhaltung ihre psychischen Schwankungen aus. Sie sind mal gut gelaunt und voller Lebenslust, mal auf Krawall gebürstet, dann wieder wollen sie sich nur verkriechen. Es fällt ihnen mitunter schwer, die hohen Wellen zu besänftigen und die Gefühle zu meistern.
Diese Kunst beherrschen Menschen mit klarer Energie perfekt, allerdings können sie mit Gefühlsstürmen nicht gut umgehen. Diese verunsichern sie zutiefst. Lernen sollten sie dies dennoch, da sie ja doch immer wieder damit konfrontiert werden – und sei es bei anderen Menschen. Es hilft, diese besser zu verstehen und liebevoller mit ihnen umzugehen. Andernfalls laufen Menschen mit klarer Energie Gefahr, sich zu verschließen und andere innerlich zu verurteilen. Das tut keinem der Beteiligten gut. Im bewussten Umgang mit Gefühlen werden Menschen mit klarer Energie weicher und lassen mit der Zeit mehr eigene Gefühlsregungen zu, die sie tief in ihrem großen Herzen verborgen haben.

Für sie alle ist es daher eine Aufgabe, die Extreme von Gemütsbewegungen zu erkennen und den positiven Kern darin zu sehen. Denn zu jeder übertriebenen Gemütsverfassung gibt es eine ausgeglichene Variante. Von diesem Punkt aus, der einer konzentrierten und gleichzeitig entspannten inneren Haltung entspricht, wächst das Verständnis. Hier lassen sich gute Lösungen finden und weise Entscheidungen treffen.

Genau dazu dient diese Übung: Finde den positiven Kern – für dich selbst, wenn du in einem aufgewühlten Zustand bist, oder für andere Menschen, wenn du sie aus ihrer Negativhaltung herausholen möchtest.
Das genaue Gegenteil der aktuellen extremen Gefühlsverfassung anzustreben, liegt zu fern, das würde nicht funktionieren. Denke nur einmal an einen aufgebrachten, wütenden Menschen. Würde er sich entspannen, wenn man ihm Ruhe als Ziel vorgeben würde? Wohl kaum, obgleich Ruhe das Gegenteil von Aggressivität ist. Der positive Kern aber ist Aktivität. Sport eignet sich damit perfekt. Für eine Runde Boxen am Sandsack oder ein Wettrennen ist der Aggressive eher zu begeistern als für 10 Minuten Stille.

Das Fokussieren auf den positiven Kern hilft, die ungezügelte Kraft in sichere Bahnen zu lenken. Schaue dir die Liste der unausgewogenen Gefühlszustände und ihrer positiven Entsprechungen an:

| übertriebene Ausprägung | positiver Kern |
|---|---|
| Aggressivität | Aktivität |
| Lustlosigkeit | Lebensfreude |
| Desinteresse | Gelassenheit |
| Eitelkeit | Schönheit |
| Enttäuschung | Sachlichkeit |
| Verwirrung | Fantasie |
| Ärger | Gerechtigkeitssinn |
| Unzufriedenheit | Zielstrebigkeit |
| Hektik | Ideenreichtum |
| Sucht | Kreativität |

Finde gern weitere übertriebene Gefühlsstimmungen, und ordne ihnen einen positiven Kern zu! Hilfreich ist es außerdem, sich eine Art Schutzschild oder Filter zuzulegen, der die überzogenen Ausprägungen von Gefühlen symbolisch ausgleicht und die Emotionen klärt. Unsere Gefühle haben, körperlich gesehen, ihren Sitz in der Körpermitte, am Solarplexus. Daher sagen wir auch bei einem psychischen Angriff: »Es fühlt sich an wie ein Schlag in die Magengrube.« Im Chakrasystem ist es das dritte Chakra, das seinen Sitz oberhalb des Nabels hat und uns angreifbar und verletzlich macht. Hier bauen sich auf der unbewussten Ebene Verbindungen auf, die für Machtspiele ausgenutzt werden können. In Gedanken einen Schutzschild als Filter davorzusetzen, wirkt sehr gut.

Schilde dienten in der Ritterzeit dazu, die Ritter bei Angriffen zu schützen, ihnen dabei aber Handlungsspielraum zu geben. In unserer Welt brauchen wir den Schutz nicht mehr auf der körperlichen, sondern auf der psychisch-geistigen Ebene. Aber auch dafür gilt, dass wir uns nicht einigeln und abschotten, sondern weiterhin aufmerksam kommunizieren und handeln können. Energetische Schilde tun hier gute Dienste. Vertiefe dich in das Thema »Schutz«, indem du visualisierst, wie sich solch ein Schild über den verletzlichen Punkt deiner Aura legt. Stelle dir dabei vor, dass die positiven Energien Durchlass finden, die negativen Energien wie Eifersucht, Neid und Missgunst aber aufgehalten werden. Spüre, wie sich dein Inneres entspannt und du wieder in deine Kraft kommst.

Male gern auch dein eigenes Balancebild, deinen eigenen Schutzschild – für deinen Schutz und deine Ausgewogenheit. Du kannst dein Bild mit schönen Farben bemalen, vielleicht auch etwas Goldfarbe verwenden oder Glitzer daraufstreuen, und dann damit meditieren. Dadurch baust du einen guten Schutz für dein sensibles Wesen auf, schottest dich aber nicht von der Welt ab, sondern bleibst einfühlsam und mitfühlend.

# Entspannungsübung: Salbei zum Essen, Trinken, Riechen und Räuchern

Menschen mit klarer Energie tragen eine besondere Begabung für Pflanzen, insbesondere für Nutz- und Heilpflanzen in sich. Der Rhythmus der Natur, das Wachsen, Werden und Vergehen, ist ihnen vertraut. Sie verstehen die Pflanzen auf einer unbewussten Ebene und kennen deren Kraft. Die heilenden Wirkungen nutzen sie als Tee, in Umschlägen oder selbst hergestellten Salben. Umsichtig mit den Ressourcen der Natur umzugehen, ist für sie eine Selbstverständlichkeit.
Die klare Energie aktiviert die Verbindung zu Heilpflanzen. Diese kannst du nutzen, um innere Balance herzustellen, Negatives von dir fernzuhalten und Heilung zu finden. Salbei als alte Kultur-, Gewürz- und Heilpflanze eignet sich hierfür besonders gut. Bereits in der Antike wurde Salbei als Heil- und Gewürzkraut verwendet. Der Name stammt aus dem Lateinischen. Hier heißt »salvare« so viel wie »erlösen« oder »retten«.

Salbei wird nachgesagt, dass er Energiedefizite wieder auffüllen kann – und zwar auf der körperlichen wie auf der psychischen Ebene. Im Mittelmeerraum wurden früher (und werden manchmal auch heute noch) Salbeibüschel über den Eingang gehängt, um alles Böse fernzuhalten. Ihr Wunsch nach Schutz und Geborgenheit hat die Menschen zu dieser Pflanze greifen lassen – und die Willenskraft wird bekanntlich durch eine symbolische Handlung betont und verstärkt. Außerdem duftet Salbei herrlich. Das Hantieren damit hat also eine lange Tradition.

Diese Heilpflanze lässt sich gut selbst anbauen. Du kannst Salbei in den Garten pflanzen oder auch auf dem Balkon oder der Fensterbank ziehen. Ist er gut eingewachsen, kannst du damit beginnen, einzelne Zweige zu ernten. Besonders achtsame Menschen fragen ihre Pflanze, ob sie es ihnen erlaubt, von ihr zu nehmen, und welche Zweige sich dafür anbieten. Versuche es einfach einmal! Wenn du aufmerksam lauschst, wirst du mit der Zeit verstehen, was die Pflanze dir antwortet.

Zerreibe ein Blättchen Salbei, und gib es aufs Butterbrot. Mische es unter Nudeln oder in den Gemüseeintopf. Mit drei oder vier Blättern kannst du eine Kanne frischen Salbeitee aufgießen. Dieser tut dem ganzen Organismus gut. Insbesondere auf die Atemorgane entfaltet er eine heilende Wirkung, daher wird Salbeitee traditionell bei Husten und Heiserkeit getrunken.

Bleiben Salbeizweige übrig, binde diese zu kleinen Büscheln. Hast du mehrere davon, knüpfe sie an eine lange Schnur, und hänge sie zum Trocknen an eine Vorhangstange. Mit diesem »Salbeivorhang« hast du eine Zeit lang einen würzigen Duft im Zimmer – und nach dem Trocknen einen guten Wintervorrat an getrocknetem Salbei.

Sobald die Salbeibüschel trocken sind, kannst du sie, genau wie die frischen Kräuter, als Gewürz ins Essen geben oder Tee damit zubereiten. Mit getrocknetem Salbei kannst du auch räuchern. Lege dazu einen kleinen Zweig auf das Sieb eines Räucherstövchens, zünde das Teelicht darin an – und schon duftet der ganze Raum.

Die indigenen Stämme Nordamerikas verwenden bei ihren Zeremonien eine besondere Salbeisorte zum Räuchern, den Weißen Salbei (White Sage). Er wird in sogenannten (Smudge) Sticks gebunden und ist auch bei uns erhältlich. Weißer Salbei ist eine heilige Pflanze, die Klarheit und Weisheit verleiht. Doch auch der heimische Salbei tut gut. Seine Räucherungen haben eine reinigende und klärende Wirkung auf den Raum und die Menschen, die sich darin aufhalten.

# Loslassübung:
# Einfach und wirkungsvoll

Würde man die Besitztümer aufzählen, die Menschen mit klarer Energie als notwendig betrachten, bliebe man vermutlich bei einer Anzahl weit unter hundert. Sie kommen mit wenig zurecht. Durchaus aber sind ihre Sachen von hoher Güte. Daher brauchen sie diese auch nur einmal zu kaufen. Meist ist ihr Qualitätsanspruch mit einem guten Blick für Schönheit verbunden. Was seinen Zweck erfüllt und ihnen gefällt, behalten sie ihr Leben lang. Menschen mit klarer Energie lieben die klassische Optik, das Geradlinige und Einfache. Klarheit im Äußeren bedeutet für sie auch Klarheit im Inneren.

Die Überfrachtung mit Dingen, die so vielen Menschen in unserer Wohlstandsgesellschaft die Luft zum Atmen nimmt, ist somit nicht ihr Problem. Was ihnen jedoch durchaus passieren kann, ist, dass sie aufgrund ihrer Genügsamkeit das Falsche behalten und sich insgesamt zu wenig gönnen. Denn trotz ihres Blicks für Schönheit neigen sie dazu, ihre Sachen erst dann zu ersetzen, wenn sie wirklich nicht mehr zu reparieren sind. Der Nutzen steht vor der Freude. Sich von Erbstücken zu trennen, fällt ihnen besonders schwer, denn die Würdigung der Ahnen ist ihnen wichtig. So leben sie mit deren Möbeln, auch wenn sie diese eigentlich gar nicht brauchen, und unterdrücken jeden Tag wieder ihren Wunsch nach Überschaubarkeit und Qualität. Ihr Unterbewusstsein erinnert sie zwar ständig an ihre Wertvorstellungen, doch solche Warnungen schieben sie hartnäckig zur Seite mit Argumenten wie dem, das Teil würde ja immerhin funktionieren, neue Möbel seien oft aus minderwertigen Materialien oder ein Erbe gälte es in Ehren zu halten. Leben sie über längere Zeit mit solchen Konflikten, setzen diese ihrem Gemüt zu. Sie verhärten und verlieren im schlechtesten Fall den Kontakt zu ihrer inneren Stimme. Diese wird leiser und leiser.

Ihr sorgfältiger Umgang mit Materie hindert Menschen mit klarer Energie also bisweilen daran, sich das zu gönnen, was ihnen guttut: eine hohe Qualität auf allen Ebenen, nicht nur auf der funktionalen. Sie tun so, als dürften sie sich nichts gönnen, nichts außer dem, was überlebensnotwendig ist. Mag es eine Prägung oder eine übernommene Erfahrung sein, dass allzu viel ungesund sei und nichts Besseres nachkommen würde, Tatsache ist, dass sie damit in einer Falle sitzen und leiden. Um hier wieder herauszukommen, hilft es, den Zugang zu einem verschütteten Talent freizulegen – der Fähigkeit, das Wahre vom Falschen zu unterscheiden. Diese Energie muss wieder fließen können.

Wenn du deine innere Klarheit bewusster in dein Leben holen möchtest, wende ein reinigendes Ritual an: das Salzritual. Damit legst du verstopfte Energiekanäle frei. Tatsächlich wirkt es wahre Wunder, wenn du zuerst das Haus oder die Wohnung putzt und dabei auch die Wasserleitungen entkalkst sowie Zu- und Abflüsse reinigst, wenn möglich – dies sind schließlich die Kanäle auf der sichtbaren Ebene. Danach geht es an die Feinreinigung der Energiekanäle mit dem Salzritual. Als einem Menschen mit klarer Energie kostet dich das Verstreuen eines eigentlich wertvollen Lebensmittels und die vorübergehende Verunreinigung des Bodens sicherlich etwas Überwindung. Doch es lohnt sich.

## Das Salzritual

**Für dieses Ritual brauchst du:**
- Salz
- Bittersalz (bei Bedarf)
- Handfeger und Kehrschaufel

Idealerweise wählst du für das Salzritual die Tage um den Neumond. Berücksichtige dabei, dass das Ritual drei Tage dauert. Materie braucht Zeit.

Gib am Tag vor Neumond eine Handvoll Salz in jede Ecke des Raumes, den du energetisch reinigen möchtest. Spürst du Bitterkeit, wenn du an den Schmerz denkst, der mit manchen Dingen verbunden ist, oder auch wenn du ans Weggeben denkst, dann gib etwas Bittersalz dazu. Lasse das Salz liegen und wirken. Am Tag nach Neumond kehrst du es auf und bringst es in den Restmüll. Schon kannst du die Ruhe und Klarheit spüren, die dich jetzt umgibt. In diesem energetisch gereinigten Umfeld gelingt es dir sehr gut, die Stimme deines Unterbewusstseins wieder wahrzunehmen und zu entscheiden, welche Dinge dir guttun, welche du weggeben solltest und welche du zusätzlich brauchst. Mit deiner neuen Gelassenheit fällt es leicht, eine Wahl zu treffen.

# Glücksübung:
# Die Steine fragen

Nicht immer lassen sich eindeutige Ziele erkennen. Eine schwierige Entscheidungsfindung stresst besonders Menschen mit klarer Energie, weil jene eben mehr als andere nach Klarheit streben. Wenn du diese Phasen der Verwirrung kennst, nimm das Angebot der Natur an, dir symbolisch Unterstützung zu schenken. Mache dich auf zu einem Spaziergang über Felder und Wiesen, und trage dein Thema gedanklich mit dir. Achte auf den Wegesrand. Einer der Steine, die hier liegen, könnte dir besonders ins Auge fallen – er spricht dich quasi an. Hebe diesen Stein auf, halte ihn, während du weitergehst, in deiner Hand, und übergib ihm in deiner Vorstellung dein Problem. Beauftrage ihn, das Thema auf einer anderen Ebene zu klären. Dann setze ihn an einem schönen Platz in der Natur ab, gern wieder am Wegesrand. Vertraue nun darauf, dass die Zeit alles regelt und dein Problem in Ordnung kommt.

Die Natur hat ihre eigene Klarheit und Ordnung. Sie ist uralt und weise. Nimm Kontakt zu ihr auf, wenn du nach Antworten suchst.

## Impulse für die klare Energie

**Sport** als Kraftquelle: Klettern, Wandern

**Pflanzen** als Freundinnen: Edelweiß, Zimmertanne

**Symbol** als Glücksbringer: Mandala

**Edelsteine** als Kraftsteine: Aventurin, Bergkristall, Saphir

**Affirmation** zum Motivieren: »Ich vertraue mir und der Welt.«

**Heiltees** fürs Wohlbefinden: Kümmel, Wacholder

**Glücksfarben** für den Erfolg: Schwarz, Weiß

**Hobbys** zum Anregen: Gärtnern, Sammeln

**Geschenk** für dich selbst: Kunsthandwerk

**Duft** für die Seele: Angelika

**Krafttiere** zur spirituellen Begleitung: Adler, Steinbock

# Die souveräne Energie

## Der Charakter

Darf es etwas völlig Neues sein? Etwas, was dein bisheriges Denken auf den Kopf stellt? Vielleicht eine rettende Idee oder ein genialer Einfall? Ein Geistesblitz? Denn ausweglose Situationen sind doch immer nur scheinbar ausweglos. Auf irgendeinem Weg ist man dort hineingeraten, also muss es auch einen hinaus geben, sagt die Logik.
Hier kommt die souveräne Energie gerade richtig. Menschen mit dieser Kraft gelten als Ideengeber. Sie weisen ein originelles und überraschen-

des Denken auf. Ihnen gelingt es ohne Anstrengung, feste Strukturen und Denkgewohnheiten zu verlassen und komplett neue Sichtweisen zuzulassen. So lassen sich Lösungen auch für Probleme finden, die bislang als unlösbar galten.

Die souveräne Energie macht geistig unabhängig und schenkt Freude am Denken, Diskutieren und Philosophieren. »Was ist Wahrheit? Wie verändert sich ein Thema, wenn ich meinen Standpunkt wechsle und die Lage aus einem anderen Blickwinkel betrachte? Was geschieht, wenn ich für die eigenen Argumente, die ich gerade noch so vehement hinausposaunt habe, selbst die Gegenargumente finde?« Genau dieses Unterfangen ist eine bekannte dialektische Übung. Nicht jeder Mensch hätte Freude an solchen Geistesübungen. Unbedingt aber ist es ein Reiz für Menschen mit souveräner Energie. Sie lieben es, mit Worten zu spielen und Gedankenmodelle zu entwickeln.
Dabei ist es keineswegs ihr Anliegen, Verwirrung zu stiften. Im Gegenteil: Sie wollen in die Tiefe gehen. Ihr Hang zum Diskutieren und Philosophieren drückt ihre ernsthafte Suche nach einer allgemeingültigen Wahrheit aus. Gegensätzliche Standpunkte abzuklopfen, ist für sie hierbei eine Notwendigkeit, um sich sicher sein zu können, nicht vorschnell einer einseitigen Meinung anzuhängen. Menschen mit souveräner Energie suchen nach einem Wertesystem, das sie guten Gewissens vertreten und verkünden können. Denn es ist ebenfalls eines ihrer Talente, andere Menschen mit Worten mitzureißen und sie für eine gute Sache zu begeistern. Sie brauchen es, neue Wege zu gehen, Erfahrungen zu machen und das praktische Leben mit Spiritualität zu verknüpfen. Dazu gehört eben auch, Umwege in Betracht zu ziehen.

Die Welt ist voller aufregender Geheimnisse, die es zu entdecken gilt, so die Ansicht von Menschen mit souveräner Energie. Tabus schrecken sie nicht. Der Grund: Sie gehen mit einer positiven Grundeinstellung auf alles zu. Zudem hilft ihnen ihr Forscherdrang, Erkenntnisse zu sammeln. So haben sie auch keine Scheu vor unangenehmen Themen, wie sie etwa die immense Bandbreite an Gefühlen zutage fördern kann. Gefühle teilen sie nicht wie üblich in Gut oder Schlecht ein, sondern sie sehen in allem eine spannende Erfahrung. Sie wollen alles kennenlernen und führen manches selbst herbei, nur um endlich zu erleben, wie es sich anfühlt.

Verbunden damit ist die fest verankerte Überzeugung, dass sie stets sicher sind und sich beschützt fühlen dürfen von wohlwollenden geistigen Kräften. Ihr Optimismus ist grenzenlos. Sie glauben an das Gute im Menschen und, dass sich dieser Lichtfunken letztlich durchsetzen wird. Selbst in einer misslichen Lage gelingt es ihnen, etwas Positives an der Situation zu finden und dieses zu betonen.

## Die Einrichtung

In ihrer Art, zu wohnen, zeigen Menschen mit souveräner Energie ihren Hang zur Größe. Sie brauchen viel Platz und große Räume. Eigentum ist ihnen nicht wichtig, die Hauptsache ist, dass sie Bewegungsfreiheit haben. Ein Landgut ist ihnen genauso willkommen wie eine weitläufige Wohnung oder ein Loft in einer Megacity. Hell sollte ihr Zuhause sein und im besten Fall einen Blick in die Ferne ermöglichen. Ihre Einrichtung ist edel, wertvoll und immer ungewöhnlich. Oft zeigt sich hier eine gekonnte Mischung aus witzigen und trendigen Teilen, durchsetzt mit prächtigen Antiquitäten. Reiseerinnerungen und eigene Kreationen im Bereich von Möbeln, Leuchten und Kunstwerken machen die Mischung perfekt und sehr individuell.

## Die Wirkung

Wird die souveräne Energie übertrieben gelebt, ist es nicht mehr weit her mit der Souveränität. Der Wunsch nach Individualität und Freiheit ist zum Zwang geworden, was überheblich und unzuverlässig macht und letztlich in ein unsoziales Verhalten mündet.
Fehlt diese Energie, mangelt es an Vertrauen. Das Leben ist angefüllt mit Zwängen und Verpflichtungen, aus denen kein Ausweg in Sicht ist. Dies führt in seelische und geistige Erschöpfung und lässt das Gefühl der Verlorenheit aufkommen.
Harmonisch gelebt, schenkt die souveräne Energie Freude am Leben und Interesse an der Welt und all ihren Wesen. Visionen zeigen sich, Hoffnung breitet sich aus, und das Vertrauen erwacht – in Gott, die Welt und sich selbst. Der Grundgedanke der Toleranz, dass jeder Mensch auf seine Weise glücklich werden darf, wird zur Selbstverständlichkeit. Der Boden für den Frieden in sich selbst und in der Welt ist bereitet.

# Aktivierungsübung: Ein Labyrinth zeichnen und gehen

Eine spielerische Möglichkeit, das hoffnungsvolle Suchen, geheimnisvolle Wandeln und schließlich freudige Finden zu erleben, das die souveräne Energie so gut beherrscht, bietet ein Labyrinth. Es lehrt, dem Weg und damit dem Schicksal und sich selbst zu vertrauen. Ein klassisches Labyrinth ist kein Irrgarten. Der große und entscheidende Unterschied liegt darin, dass ein Labyrinth sicher zum Ziel führt. Im Irrgarten dagegen kann man in einer Sackgasse landen, muss umkehren und kann unter Umständen völlig die Orientierung verlieren. Im Labyrinth geht man zwar auch Umwege und ändert mehrmals die Richtung, sodass man sich irgendwann fragt, ob das noch richtig sein kann. Doch wer vertrauensvoll immer weiter voranschreitet, erreicht sicher die Mitte.

Damit ist ein Labyrinth ein zauberhaftes Sinnbild für das Leben selbst – und mit diesem Grundvertrauen auf die positiven Schutzkräfte eben auch ein Sinnbild für die souveräne Energie. Denn das ist das Besondere an einem Labyrinth: Wir können uns vom Weg selbst führen lassen, gleich, welche Windungen und Schleifen er nimmt. Wir brauchen einfach nur weiterzugehen, Schritt für Schritt. Der Weg führt zum Ziel, das ist gewiss. Die eigene Verantwortung besteht darin, nicht aufzugeben, sondern fortzuschreiten, selbst dann, wenn wir uns scheinbar weit vom eigentlichen Ziel entfernt haben. Beim achtsamen Begehen eines Labyrinths können wir lernen, Zweifel durch Vertrauen zu ersetzen.

Labyrinthe gibt es in fast allen Teilen der Erde. Einer alten Handschrift zufolge war die Stadt Jericho als Labyrinth gestaltet. In römischen Villen war es eine beliebte Spielerei, in den Fußbodenmosaiken ein Labyrinth darzustellen. Die indigenen Völker Amerikas pflegten Labyrinthe in den Sand zu zeichnen, und auch aus Indien und Nepal gibt es Berichte über Labyrinthe. In Skandinavien und Russland wurden sie aus Steinen gebildet. Mehrere hundert Jahre alt sind die Rasenlabyrinthe in England und Deutschland, von denen immer noch einige existieren. Berühmte Exemplare finden sich außerdem in alten Kirchen, insbesondere in den großen Kathedralen Frankreichs – in Chartres, Reims und Amiens. In England, in der Kathedrale von Ely bei Cambridge, und in Italien, im Dom von Ravenna, sind Labyrinthe in den Boden eingearbeitet. Auch bei diesen bekannten Beispielen führt der Weg vom Eingang aus zunächst zielstrebig in Richtung Mitte. Kurz bevor das Ziel erreicht wird, macht der Weg jedoch eine Kurve. Er wendet sich von der Mitte ab, windet sich in Schleifen in alle Richtungen, führt weit weg vom Ziel und kommt dann wieder näher, um schließlich doch exakt in der Mitte zu landen.

Ein Labyrinth abzugehen, ist eine großartige Übung, um Vertrauen und Selbstsicherheit zu stärken. Eine besondere Erfahrung aber ist es, ein Labyrinth selbst zu zeichnen. Die einfachste Vorgehensweise ist die, mit einem Kreuz in der Mitte zu beginnen und diese Grundform mit Bögen nach und nach zu erweitern. So kannst du ein kleines Labyrinth mit klar definiertem Eingang und eindeutiger Mitte selbst erstellen. Hast du eine große Fläche zur Verfügung, ritze es in eine Kiesel- oder male es in eine Sandfläche, und gehe es ab. Andernfalls zeichne es auf ein Blatt Papier, und folge dem Weg auf dem Papier mit einem Finger oder mit den Augen. Auch das wirkt auf das Unterbewusstsein und hilft, das Vertrauen zu stärken.

## Schritt für Schritt zum Labyrinth

1. Zeichne oder ritze in die Mitte des Blattes oder deiner Fläche ein Kreuz. Der Anfang ist damit gemacht.

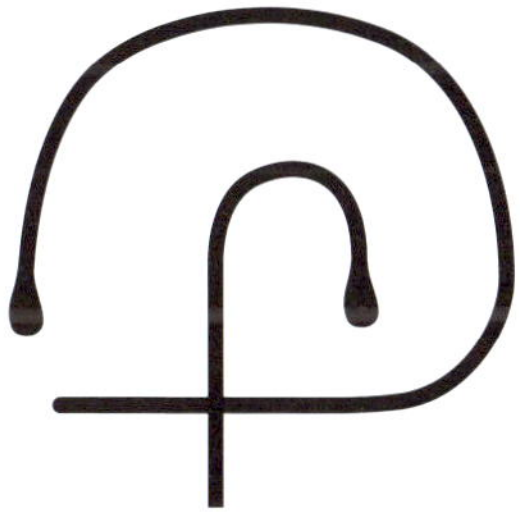

2. Versieh das Kreuz mit zwei schwungvollen Bögen – einem kleinen Bogen, der vom oberen Ende aus nach rechts führt, und einem großen Bogen, der vom rechten Ende aus nach oben links geht. Markiere die Bogenenden mit einem dicken Punkt.

3. Füge vom linken Ende des Kreuzes aus einen dritten, großen Bogen hinzu, der im Uhrzeigersinn um die anderen beiden Bögen herumführt und sie in einem Dreiviertelkreis umschließt. Markiere das Bogenende wieder mit einem dicken Punkt.

4. Nun zeichne vom unteren Ende des Kreuzes aus einen letzten großen Kreisbogen, der entgegen dem Uhrzeigersinn um das gesamte Bild herumgeht. Lasse den Bogen enden, kurz bevor du den Anfangspunkt erreichst, und setze dort wieder einen dicken Punkt. Hier ist der Eingang.

Fertig ist dein eigenes Labyrinth! Nun kannst du es beschreiten.

Auf dieselbe Weise kannst du ein Labyrinth aus Muscheln am Strand, aus Tannenzapfen auf einer Waldlichtung oder aus Steinen im eigenen Garten auslegen. Oder du stellst Teelichte auf eine Kieselfläche und erschaffst dir damit ein feierliches Kerzenlabyrinth. Wie auch immer dein Labyrinth aussieht: Gehe den Weg meditativ, und lasse die Windungen des Pfades und insbesondere die Erfahrung des sicheren Ankommens im Mittelpunkt – deiner Mitte – auf dich wirken!

# Balanceübung: Frieden schließen

Die Intuition fließen zu lassen, ist von Vorteil, wenn ein hartnäckiges Problem auftaucht. Gerade dann aber scheint der Zugang dazu oft wie verschüttet. Verbissenheit, Härte, Trauer, Wut, Kränkung und andere negative Gefühle blockieren den Fluss der Eingebungen. Um aus dieser Schleife herauszukommen, hilft eine kleine Übung: Greife frei und absichtslos eines der Themen auf, die dich gerade belasten. Schreibe es auf einen Zettel, vermerke dazu eine Notiz wie: »Auch dafür gibt es einen guten Weg« oder »Die passende Lösung zeigt sich, wenn die Zeit reif ist«, und lege ihn auf deinen Tisch, oder sage dir jeden Morgen deinen Satz. Dann lasse das Thema wieder ins Unterbewusstsein gleiten, und widme dich deinen Tagesaufgaben. Damit hast du eine gute Grundlage dafür geschaffen, dass die Intuition fließen kann. Unvermittelt können Erkenntnisse in dir aufleuchten. Am leichtesten fließen die Eingebungen übrigens, wenn du dich innerlich friedlich fühlst. Das heißt, die Voraussetzung, um Lösungen zu finden, ist, mit dem betreffenden Thema in Frieden zu kommen oder auch mit Menschen, die damit zu tun haben. Denn wer Frieden schließt, ist in Harmonie mit sich selbst – und in diesem entspannten Zustand kann die Intuition frei fließen.

Frieden zu schaffen, ist ein weites Feld, auf dem sich Menschen mit souveräner Energie gut auskennen. Sie haben eine soziale Ader. Durchaus sind sie auf ihre Freiheit und Selbstbestimmung bedacht, gestehen diese jedoch in gleicher Weise auch allen anderen Menschen zu. Bis zum Weltfrieden mag es noch ein weiter Weg sein, doch dass er möglich ist, daran zweifeln sie nicht. Der Zustand auf der Erde ist doch immer eine Frage der Entwicklung, der persönlichen wie auch derjenigen der Menschheit. Und diese schreitet insgesamt gesehen stets voran, auch wenn Rückschläge gelegentlich daran zweifeln lassen.

Die Hinwendung zum Frieden äußert sich bei Menschen mit souveräner Energie in den Gedanken und auch in der Sprache. Sie drücken sich freundlich aus und wählen, auch wenn sie gern witzig sind, keine verletzenden Worte. Das macht sie beliebt. Denn jeder Mensch kann ein bisschen Frieden gebrauchen. Wir alle haben im Leben unsere Herausforderungen zu bestehen. Dabei gehen wir auch einmal durch Streit und Unfrieden hindurch. Das gehört zu den Erfahrungen dazu, und wir lernen daraus. Wichtig ist jedoch, nicht in einer kämpferischen und zerstörerischen Haltung zu verharren, sondern den Frieden im Herzen wiederherzustellen.

Ein starkes Symbol für kosmische Ordnung, Harmonie und Frieden ist die Blume des Lebens. Im Kapitel »Die sensible Energie« gibt es diese Blume zum Selberzeichnen. Auch zur Ausbalancierung der souveränen Energie lässt sich die Blume des Lebens ideal einsetzen. Das gleichmäßige Muster der Lebensblume ist hier in einen Bilderrahmen gefasst. Füge ein Bild von der Blume des Lebens in einen hübschen Rahmen ein, und mache die Übung damit. Oder zeichne sie selbst (wie in der Balanceübung »Same, Saat und Blume des Lebens« ab S. 71 erklärt) samt Bilderrahmen, um die Wirkung noch persönlicher werden zu lassen.

Die Aufgabe ist einfach: Wähle ein Thema, bei dem sich einfach kein Frieden einstellen will. Das kann ein Mensch sein, mit dem du in Streit lebst, es kann ein Ort sein, an den du ungute Erinnerungen hast, es kann ein Erlebnis sein, das dich verfolgt und immer wieder Stress in dir auslöst. Suche ein Foto von diesem Menschen oder diesem Ort, oder schreibe dessen Namen auf ein Blatt Papier. Handelt es sich um ein Erlebnis, bezeichne es mit einem oder wenigen Worten. Nun lege das Foto bzw. Blatt in den Rahmen. Setze es so ein, dass es von der Blume des Lebens umgeben ist. Lasse das Bild einige Tage dort, und stelle dir vor, wie die Blume des Lebens im Hintergrund all das in Ordnung bringt, was Worte zu klären nicht vermögen. Sende während dieser Zeit der Person, dem Ort oder dem Erlebnis Gedanken voller Frieden und Harmonie. Wenn dir das noch schwerfällt, lasse diesen Teil der

Übung weg, und versuche, zumindest neutral zu bleiben, während das Harmoniesymbol wirkt.

Kannst du in dir allerdings noch gar keine Friedfertigkeit finden, ändere die Übung ab: Lege in diesem Fall zunächst ein Foto von dir selbst in den Bilderrahmen mit der Lebensblume. Das ist im Übrigen auch dann hilfreich, wenn du dazu neigst, dich in innerer Zwiesprache ständig zu kritisieren. Dieses innere Zweifeln und Beschimpfen ist für zu viele Menschen zur Gewohnheit geworden. Wüssten sie, wie sehr sie damit ihre Zellen schädigen und ihre Aura durchlöchern, würden sie erschrocken sofort damit aufhören.
Also: Gehe gut mit dir um! Schenke dir ein Lächeln! Auf einer Wolke der Harmonie zu ruhen, ist für das gesamte körperliche, geistige und seelische System eine Wohltat. Mit deinem Foto auf dem Harmoniesymbol setzt du ein Zeichen des Friedens, das dein Inneres mit der Zeit aufnimmt. So wird es dir leichter fallen, Ruhe im Herzen zu finden und dich dafür zu öffnen, diese friedliche und versöhnliche Einstellung auch nach außen zu tragen.
Nun kannst du erneut den Versuch machen, mit anderen Menschen oder Orten Frieden zu schließen und auch sie anzulächeln.

Natürlich ist diese Übung in erster Linie zur Ausbalancierung der souveränen Energie in dir gedacht. Der Weg zum Weltfrieden mag auch nach dieser Übung immer noch weit sein, aber mit sich selbst, der eigenen Vergangenheit und den Mitmenschen im Reinen zu sein, ist ein riesiger Sprung dorthin. Wenn das alle machen, wird der Weltfrieden eines Tages doch wahr. Und du hast schon jetzt einen wichtigen Beitrag dazu geleistet!

# Entspannungsübung:
# Magische Symbole kennen und nutzen

Ein reizvolles und beinahe unendliches Gebiet für den Wissensdrang von Menschen mit souveräner Energie bietet die Magie. Alles, was der Menschheit nicht erklärbar ist und was verborgen werden soll, wird seit Jahrtausenden in dieses Feld gepackt. Einfluss und Macht verspricht diese alte Kunst obendrein.

Vermutlich waren es Symbole, die Menschen in der Frühzeit für Mitteilungen genutzt haben. Über Zeichen konnten sie mit anderen Stämmen kommunizieren oder Kontakt zu ihren Göttern aufnehmen. Symbole waren heilige Zeichen mit einer festgelegten Bedeutung. Sie haben eine sehr alte Tradition, daher sind sie auch tief in unserem Unterbewusstsein verankert. Hier eine kleine Auswahl von klassischen Kraftzeichen:

Der **Kreis** ist das Symbol für Unendlichkeit, Vollendung, Ewigkeit und Heiligkeit. Er steht für die Sonne und den Himmel.

Das **Quadrat** verspricht Sicherheit und Erdung. Mit diesem Zeichen kommen Ordnung und Klarheit in die Welt. Es ist auch ein Symbol für die Erde.

Mit dem **Kreuz** werden die vier Himmelsrichtungen und auch die vier klassischen Elemente Feuer, Erde, Luft und Wasser abgebildet. Das Kreuz schenkt Orientierung. Mit ihm lässt sich der Standpunkt bestimmen, daher ist es auch ein Symbol für die Entscheidungsfähigkeit und das Leben auf der Erde. Zudem lassen sich die Dimensionen Zeit und Raum mit dem Kreuz darstellen.

Das **Dreieck** drückt Dynamik und gleichzeitig Stabilität aus. Weist die Spitze nach oben, steht es für Feuer und Männlichkeit, weist die Spitze nach unten, steht es für Wasser und Weiblichkeit.

Im **Hexagramm** sind zwei Dreiecke zu einem Sechsstern miteinander verbunden. Dieses Zeichen zeigt die Balance des männlichen und des weiblichen Prinzips sowie die Harmonie der Gegensätze. Es steht für Ausgleich.

Das **Pentagramm** gilt als das Zeichen der Magie. Es wirkt sehr kraftvoll und schützt, wenn eine Spitze nach oben zeigt. Die fünf Spitzen symbolisieren die fünf Elemente Feuer, Erde, Wasser, Luft und Äther.

Mit der **Sonne** werden das Licht und der Tag verbunden. Sie ist daher ein Symbol für das Bewusstsein und die Wahrheit.

Der **Mond** ist Herrscher über die Dunkelheit und die Nacht. Er steht für das Unterbewusstsein, die Gefühle und die Fantasie.

Ein **Apfel** schenkt Fruchtbarkeit, Liebe und ewige Jugend. Auch gilt er als Symbol für Gesundheit und Lebenslust. Mit einem Apfel werden zudem Erkenntnis, Wissen und Macht verbunden.

Die **Fische** sind ein Zeichen der Hoffnung und des Mitgefühls. Sie können zudem auf Überfluss, Glück und Wohlstand hindeuten.

Die rote **Rose** ist ein wichtiges Symbol für die Liebe. Sie wird außerdem mit Schönheit und Vollendung in Zusammenhang gebracht.

Lasse die Symbole alle nacheinander auf dich wirken – oder suche dir dasjenige aus, das dich aktuell am meisten anspricht. Wenn du Lust hast, besorge dir eine Malvorlage von deinem Lieblingssymbol, und male es in schönen Farben aus. Du kannst es auch selbst auf einem Stück Papier nachzeichnen, das du dann an deinem Arbeitsplatz platzierst. So hast du dein Symbol immer im Blick, und es kann auf dein Bewusstsein und dein Unterbewusstsein wirken. Genauso kannst du dein Wasserglas auf deinem Symbol abstellen und dir dabei vorstellen, wie seine magische Energie in dein Getränk übergeht. Wenn du unterwegs bist, trägst du das Symbol in deiner Tasche bei dir. Lasse es für eine Weile dein Kraftzeichen sein.

# Loslassübung: Individuell und ideell

Menschen mit souveräner Energie brauchen viel Platz um sich. Schließlich tragen sie selbst Größe in ihrem Charakter, das muss sich auch im Außen zeigen dürfen. Groß und weitläufig sollten ihre Räume sein. Ihren Hang zu Statussymbolen können sie selten verbergen. Im Grunde aber geht es ihnen nicht darum, anderen zu zeigen, was sie sich alles leisten können, sondern darum, dass sie eben eine Vorliebe für außergewöhnliche und edle Dinge haben, die ihr Herz erfreuen.
Nach diesen Kriterien ist dann auch ihr Besitz recht flott sortiert. Was zwar zweckmäßig, aber hässlich ist, muss weg. Was nur teuer war und Eindruck macht, aber weder einen Zweck erfüllt noch ihnen persönlich zusagt, kann auch weg. Was schön, nützlich und individuell ist, kann bleiben.

Nun gilt es nur noch, die Teile aufzuspüren, die mit Belastungen verbunden sind. Die Stimmung von Menschen mit souveräner Energie sinkt selten längerfristig in den Keller. In diesen kurzen Phasen aber sollten sie sich doch die Mühe machen und sich genau beobachten. Woran haben sie gerade gedacht, als sie unwillig oder trübsinnig wurden? Wohin ist ihr Blick gewandert, was haben sie unbewusst wahrgenommen? Was lässt sie so ungern in diesem Raum oder an diesem Sitzplatz sein? Ist dies vielleicht sogar der Grund, warum sie jede Gelegenheit wahrnehmen, das Haus zu verlassen? Vielleicht wären sie häufiger und lieber daheim, wenn hier energetische Ordnung herrschen würde. Die Dinge, die sie bei einer solchen Suche aufspüren, bedürfen einer energetischen Behandlung, wenn sie sie behalten und dabei ihren inneren Frieden bewahren wollen.

Menschen mit souveräner Energie haben eine gut entwickelte intellektuelle Vorstellungskraft. Das heißt, sie brauchen nicht zwingend ein Symbol. Sie brauchen nichts zum Anschauen oder Anfassen, um eine Überzeugung in sich zu bilden und zu festigen. Hell blitzen die Gedanken und Lösungen in ihnen auf, wenn sie sich intuitiv mit einem Sachverhalt beschäftigen. Sehr gut wirken daher Affirmationen. Probiere es aus!

Unterstützen lassen sich Affirmationen mit einer Kerze. Wähle für ein besonderes Anliegen eine spezielle Kerze – eine, die geweiht ist, eine Engelkerze, eine Kerze aus duftendem Bienenwachs, eine in den Chakrafarben oder aus königsblauem Wachs, der Kraftfarbe von Menschen mit souveräner Energie.

## Altes von Belastungen reinigen und loslassen

**Für diese Übung brauchst du:**

- Gegenstände, die du energetisch reinigen möchtest
- Kerze deiner Wahl
- Streichhölzer oder Feuerzeug

Finde zunächst heraus, welches Teil in deinem Zuhause dich beschwert. Setze dich bequem hin. Komme zur Ruhe, atme tiefer, schließe die Augen, und nimm rein mit deiner Intuition wahr, was so sehr stört. Ist es ein Gemälde, ein Schrank, ein Ring? Achte auf deine spontanen Eingebungen. Sprich eine Affirmation wie: »Ich sehe dich. Und jetzt verabschiede ich dich.«

Nun stelle deine Kerze so auf eine nicht brennbare Unterlage, dass sie nicht kippen kann. Platziere sie vor dem Bild, dem Möbel- oder Schmuckstück, das du energetisch reinigen willst. Dann zünde die Kerze an, und lasse den betreffenden Gegenstand von ihrem Schein anstrahlen.

Stelle dir vor, wie die Strahlen der Flamme alles Schädliche und Störende, alle unguten Gedanken und belastenden Gefühle in Licht umwandeln, sodass diese helle, freundliche Energie dir – und, wenn du möchtest, allen Beteiligten – zugutekommt.

Lasse die Kerze so lange brennen, bis der innere Knoten gelöst ist und sich der betreffende Gegenstand und der ganze Raum frei und leicht anfühlen. Es ist dann so weit, wenn Freude in dir aufsteigt. Du kannst fühlen, wie Frische und Lebendigkeit in dein Gemüt strömen.

Fragen wie »Was will ich?« oder »Was unterstützt mich?« kannst du dir nach dieser klärenden Übung wieder leicht selbst beantworten und dadurch in dein persönliches System der Ordnung finden.

## Glücksübung:

# Freude atmen und sehen

Denke an einen Duft, gern aus der Kindheit, der positive Erinnerungen in dir weckt: Vanille, Rose, Kamille, Tanne, Geranie, Maiglöckchen, Zitrone … Besorge dir von diesem Lieblingsduft ein ätherisches Öl, und gib einige Tropfen davon in ein Duftlämpchen, oder inhaliere den Duft direkt aus dem Fläschchen. Zugleich nimmst du ein Foto einer Situation, in der du sehr glücklich warst – oder ein Bild von einer Landschaft oder einem Ort, dessen Anblick deine Seele lächeln lässt. Schaue dieses Bild eine Weile an, versenke dich meditativ darin, und nimm Glück und Freude tief in dich auf, während du gleichzeitig das Aroma deines Duftöls atmest. Fühle, wie auf diese Weise dein inneres Wissen darum wächst, was dir persönlich guttut!

Düfte stimulieren unser tiefstes Erinnerungsvermögen. Bilder hingegen lassen uns Energien über die Augen aufnehmen. Mit der souveränen Energie kannst du beides kombinieren.

# Impulse für die souveräne Energie

**Sport** als Kraftquelle: Reiten, Drachensteigen

**Pflanzen** als Freundinnen: Bambus, Gladiolen

**Symbol** als Glücksbringer: Füllhorn

**Edelsteine** als Kraftsteine: Amethyst, Lapislazuli, Sugilit

**Affirmation** zum Motivieren: »Ich bin offen für das Glück.«

**Heiltees** fürs Wohlbefinden: Königskerze, Mistel

**Glücksfarben** für den Erfolg: Blau, Violett

**Hobbys** zum Anregen: Spielen, Reisen

**Geschenk** für dich selbst: Zirkusbesuch

**Duft** für die Seele: Jasmin

**Krafttiere** zur spirituellen Begleitung: Elefant, Pfau

# Die sieben Energien – dein immerwährender Kraftpool

Hast du in deinem Leben auch schon die Erfahrung gemacht, dass all das leichtfällt und gut gelingt, was du spielerisch angehst? Genau dafür sind die Übungen in diesem Buch gedacht. Vermutlich hast du, ohne dich anzustrengen, bereits den Zugang zu der ein oder anderen Energie geweckt. Deine Seele liebt den Zustand innerer Freude und Ruhe, in den du dabei gerätst, in etwa wie bei einem Spaziergang oder einer kleinen Meditation. Gönne dir immer wieder solche Auszeiten für die Seele. Je öfter du das tust, desto länger begleitet dich diese heitere Gelassenheit, bis sie schließlich ein Teil von dir wird.

Schaue dir nochmals die sieben Energien an:

Die **dynamische Energie** bringt dich ins Tun. Sie ist genau richtig, wenn du eine Extraportion Mut und Willenskraft brauchst. Mit ihr lassen sich Blockaden und Ängste ganz einfach zur Seite schieben. Befreit kannst du mit allem, was du vorhast, loslegen.

Die **gemütliche Energie** weckt deine Sinne. Du kannst dich damit erden – was gerade nach zu viel Arbeit am PC und auch bei zu vielem Grübeln ein Geschenk ist. Diese Energie erinnert dich daran, wie schön das Leben eigentlich ist.

Die **vielseitige Energie** macht dich geistig und körperlich beweglich. Sie reißt dich aus dem Korsett eines durchgeplanten Alltags. Du bekommst Lust, andere Menschen und Themen kennenzulernen. Daher fällt auch das Lernen so leicht mit dieser Energie.

Die **sensible Energie** lässt dich fühlen und mitfühlen. Fehlt dir manchmal der Zugang zu deinem Inneren Kind? Hörst du noch die Stimme deiner Seele? Diese Energie versöhnt und heilt. Sie öffnet dein Herz wieder und lässt es überfließen vor Liebe.

Die **glanzvolle Energie** lässt deine Sonne aufgehen, d.h. dein Potenzial aufleuchten. Auch wenn du gerade gar nicht an dich glaubst, macht sie dir bewusst, was du alles kannst und bist. Mit diesem »Selbst-Bewusstsein« erwachen deine schöpferischen Kräfte. Du bekommst Lust, dein Leben selbst zu gestalten.

Die **klare Energie** stabilisiert. Das ist gerade in unsicheren Zeiten äußerst wertvoll. Sie schenkt dir den nötigen langen Atem, um holprige Phasen durchzustehen und dann eben in kleinen Schritten weiterzugehen. Sie erinnert dich damit an den Wert der kleinen Dinge und lenkt deinen Blick auf die heilende Kraft der Natur.

Die **souveräne Energie** verbindet dich mit den Kräften des Himmels. Du fühlst dich beschützt und weißt, dass du gar nicht alles aus eigener Kraft stemmen musst. Du kannst auf die göttliche Kraft im Universum und in dir vertrauen. Du lernst deine Einzigartigkeit zu schätzen und zu zeigen.

All diese Energien trägst du in dir. Sie sind ein Pool an Urkräften, der in dir wie in jedem Menschen angelegt ist. Gut zu wissen, nicht wahr? Es ist nicht notwendig, jederzeit alle Energien gleich intensiv zu leben. Jeder Mensch hat schließlich eigene Präferenzen und wird, je nach Lebenssituation, mal die eine, mal die andere Qualität stärker zum Vorschein bringen. Wertvoll ist es aber, die riesige innere Bandbreite zu kennen. Nach Bedarf und Lust und Laune kannst du auf deine inneren Kräfte zurückgreifen. Sie machen dein Leben reicher und erfüllter.

Mache dir dazu bewusst, dass auch andere Menschen diese Vielfalt in sich tragen, nur vielleicht gerade ein anderes Feld zum Strahlen bringen als du selbst. Dies lässt dein Verständnis für die unterschiedlichen Interessen und Lebensweisen der Menschen wachsen und erhöht deinen Respekt vor ihren Entscheidungen. Denn wer den Glanz in anderen sieht, ist frei von Neid und Missgunst, frei von Überheblichkeit und Arroganz. Für das Miteinander kann das nur gut sein.

Wenn du bis hierhin Freude an den sieben Energien hattest und weiterhin mit ihnen wirken möchtest, lies gern in meinem Buch »Dein Zuhause als Spiegel deiner Seele« nach, wie sich die verschiedenen Qualitäten in der eigenen Persönlichkeit, in der Umgebung, zu Hause und im Garten erkennen und gestalten lassen. Du findest hier auch Anregungen, wie du sie noch intensiver in dein Leben ziehen oder überhaupt erst aktivieren kannst – sei es über die Auswahl der Möbel, über Farben und Symbole oder durch Meditationen. Die Wege zum Glück sind vielfältig.

Unsere Seele liebt es, wenn wir uns selbst gut behandeln und der Welt etwas Gutes tun. Es fühlt sich richtig an, sich dafür Zeit zu nehmen. Denn was kann es Schöneres geben, als Licht und Freude zu verbreiten? Dazu gehört, aufmerksam und liebevoll mit sich, mit anderen und mit der Erde umzugehen. Gönne dir immer wieder eine Zeit der Achtsamkeit, ob eine halbe Stunde, einen ganzen Tag – oder jederzeit. Tue dir und anderen etwas Gutes. Diese Erfahrungen setzen sich im Gedächtnis aller Beteiligten als etwas Wertvolles und Positives fest. Sie wirken heilend.

Die Arbeit an sich selbst ergibt nicht nur für die eigene Entwicklung Sinn. Die Menschen, mit denen wir zu tun haben, können ebenfalls davon profi-

tieren, und nicht zuletzt ist es ein Gewinn für die Erde, wenn friedliebende, lichtvolle Menschen auf ihr wandeln. Dass wir nicht jeden einzelnen Tag als perfekt wahrnehmen, tut nichts zur Sache. Wir bleiben schließlich Menschen und werden immer wieder mit wechselnden Herausforderungen zu tun haben. Die innere Ruhe und die Freundlichkeit im Herzen können dennoch wachsen.
So kann das Herz das tun, was es am liebsten mag: Es kann die Liebe strömen lassen – zu dir selbst, zu anderen Menschen, zu Tieren, Pflanzen und Steinen und, wenn du möchtest, auch zur Erde und zum Himmel.

*Alles Liebe*
*Barbara Arzmüller*

# Lösungen

Zu »Die dynamische Energie – Entspannungsübung: Kreative Aktivitäten« (S. 29)

| R | T | I | L | W | T | R | E | G | F | S | M |
|---|---|---|---|---|---|---|---|---|---|---|---|
| T | S | N | A | X | Z | I | Y | L | M | I | N |
| Q | E | S | C | H | R | E | I | B | E | N | R |
| L | B | P | H | K | O | C | H | E | N | G | E |
| A | T | L | E | P | M | H | R | H | C | E | I |
| U | C | C | N | S | A | E | T | L | H | N | N |
| S | I | M | A | L | E | N | P | X | T | C | I |
| C | D | F | R | T | K | P | D | T | A | K | G |
| H | S | E | G | N | E | N | E | S | N | U | E |
| E | K | S | P | I | E | L | E | N | Z | I | N |
| N | R | U | L | V | Y | I | S | N | E | F | D |
| M | E | D | I | T | I | E | R | E | N | P | N |

Zu »Die vielseitige Energie – Entspannungsübung: Wortpaare finden« (S. 61)

SCHUTZENGEL / KRAFTTIER / STERNSCHNUPPE / REGENBOGEN / BLUMEN-DUFT / SONNENSTRAHLEN / SEGELSCHIFF / LAGERFEUER / LÖWENZAHN / KLEEBLATT / SANDBURG / SCHAUKELSTUHL

Zu »Die klare Energie – Aktivierungsübung: Zwölf Werte« (S. 103)

| B | L | F | R | K | E | T | A | A | L | B | I |
|---|---|---|---|---|---|---|---|---|---|---|---|
| P | F | R | I | E | D | E | N | M | I | E | Y |
| K | P | E | N | E | R | G | I | E | E | G | U |
| L | N | I | P | T | S | D | H | C | B | E | S |
| A | K | H | F | D | T | M | Y | C | E | I | K |
| R | U | E | R | F | O | L | G | B | C | S | T |
| H | M | I | E | C | C | K | R | A | F | T | N |
| E | D | T | U | M | N | S | O | C | N | E | R |
| I | R | X | D | N | M | T | M | Z | M | R | I |
| T | E | I | E | L | U | P | T | R | E | U | E |
| B | S | V | E | R | T | R | A | U | E | N | Y |
| M | U | P | D | E | X | B | N | X | P | G | E |

# Über die Autorin

Barbara Arzmüller ist Innenarchitektin und Autorin. Über Feng Shui, Familienstellen und Astrologie fand sie einen Weg, ihre spirituellen Begabungen in ihren Beruf einfließen zu lassen.

Wenn sie nicht gerade schreibt oder gärtnert, ist die Autorin unterwegs – fast zwei Jahrzehnte lang in der Sahara, jetzt in Nordamerika. Die Klarheit und Schönheit von weiten Landschaften, ihre Stille und Größe inspirieren sie auf ihrem spirituellen und künstlerischen Weg. Ob auf Reisen oder im Garten – in der Natur findet sie die Verbindung zu Himmel und Erde.

Barbara Arzmüller schreibt Bücher, gibt Beratungen und Seminare und malt Energiebilder. Ihr Ziel ist, die wahre Schönheit der Welt und der Menschen sichtbar zu machen.

www.barbara-arzmueller.de

# Danke für deine REZENSION

– Gemeinsam sind wir mehr –

**Liebe Leserin, lieber Leser,**

von Herzen danken wir dir, dass du dieses Buch in den Händen hältst und es bis zum Ende gelesen hast. Das bedeutet uns, dem Schirner Verlag und seinen Autoren, sehr viel. Aus voller Überzeugung und mit Hingabe widmen wir uns seit vielen Jahren Themen, die unser aller Lebensqualität und Bewusstwerdung dienlich sind, und hoffen, einen Beitrag für eine lichtvollere Welt leisten zu können. Wenn dir unsere Arbeit gefällt, möchten wir dich bitten, dir einige Minuten Zeit zu nehmen, um dieses Buch zu rezensieren. Warum? Die meisten Menschen lesen Rezensionen, bevor sie ein Buch kaufen, da sie hierdurch einen Eindruck bekommen, ob und wie der Inhalt des Buches den Leser erreicht hat. Eine kurze Rezension ist dabei ebenso hilfreich wie eine lange, sehr ausführliche. Um es auf den Punkt zu bringen:

**Eine Rezension ist heutzutage die beste Werbung für ein Autorenwerk!**

Wenn du den Schirner Verlag und seine Autoren neben dem Buchkauf auch anderweitig unterstützen willst, dann bitten wir dich: Schreibe für jedes Werk eine Rezension – vielleicht als persönliche Leseempfehlung für die Buchhandlung in deiner Nähe oder online, z. B. beim Schirner Verlag. Das wäre nicht nur eine Wertschätzung für die Autoren, sondern kann dazu beitragen, dass die Verkaufszahlen steigen und der Schirner Verlag auch in herausfordernden Zeiten Bestand hat.

## WIE SCHREIBT MAN EINE REZENSION?

Grundsätzlich sollte eine Rezension aus der eigenen, subjektiven Sicht geschrieben werden, da es sich um eine persönliche Meinung handelt. Du kannst in zwei Sätzen deine Gefühle zu dem Buch äußern oder eine längere Rezension verfassen. Falls du nicht weißt, wie du beginnen sollst, hier ein paar Anregungen:

- War das Buch leicht verständlich geschrieben? Wie hat dir die Sprache gefallen? Wie war die Aufteilung zu den verschiedenen Themen?
- War es unterhaltsam? War es deiner Meinung nach mit Herzblut und Liebe geschrieben? Wie hat es auf dich gewirkt?
- Hat es dein Herz berührt? Konntest du dich wiederfinden?
- War es tief greifend genug? Hast du viel Neues gelernt?
- Hat es gehalten, was der Titel und die Buchbeschreibung versprochen haben? Hat es deine Erwartungen erfüllt?
- Was macht das Buch besonders? Warum sticht es heraus im Vergleich zu anderen Büchern, die ein ähnliches Thema behandeln?
- Würdest du das Buch weiterempfehlen oder verschenken?

*Dankeschön*

lesen, fliegen, landen
Schirner Verlag

# Bildnachweis

**Bilder von der Bilddatenbank www.shutterstock.com**
**Schmuckelemente:** Pinselstriche: #1724503705 (©Vasya Kovalkov), Übungssymbole: #1473819041 (©Alexander Ryabintsev), #257704327 (©Supza)
**Weitere Bilder:** S. 8: #2094657841 (©Pixel-Shot), S. 11: #1493322572 (©fizkes), S. 14: #1816563476 (©Arts-aba Family), S. 20: #132927353 (©Dudarev Mikhail), S. 23: #690152164 (©FloridaStock), S. 25: #694592521 (©Ondrej Prosicky), S. 27: #1925991902 (©MaxFrost), S. 28: #2151450523 (©Damir Khabirov), #2160450847 (©Damir Khabirov), S. 33: #1682890798 (©Jozef Klopacka), S. 34: #770610454 (©Albina Gavrilovic), S. 39: #2112673484 (©Leka Sergeeva), S. 41: #127104383 (©pogonici), S. 45: #1367581025 (©Dasha Kurinna), S. 47: #1341775496 (©Potapov Alexander), S. 49 #1661857123 (©Andrii Salomatin), S. 50: #462254986 (©gpointstudio), S. 52: #1918121528 (©Pinkystock), S. 58: #509904520 (©marcin jucha), S. 59: #1937177641 (©Anna Lohachova), S. 63: #2239656441 (©Anna Fedorova_it), S. 65: #2175953513 (©IceW), S. 66: #2166012985 (©aliaksei kruhlenia), S. 68: #1809246841 (©IgorZh), S. 74: #1975083197 (©FotoHelin), S. 77: #1106023763 (©Flower_Garden), S. 81: #2079822178 (©New Africa), S. 82: #1096147922 (©Roman Samborskyi), S. 86: #2126664794 (©lawoel), S. 87: #1961006980 (©tete_escape), S. 89: #1502267489 (©vetre), S. 93: #2133322017 (©SCStock), S. 97: #1907492428 (©irin-k), S. 98: #1483533266 (©Pra Chid), S. 108: # 1855999507 (©Tiwat K), S. 110: #615771131 (©Zach Behrens), S. 112: #1028405650 (©Angelus_Svetlana), S. 115: #2153119715 (©mokjc), S. 116: #1369696004 (©ImageFlow), S. 120: #466735532 (©Elwira Lipko), S. 124: #339743984 (©Marben), #1931393876 (©TR STOK), S. 126-127: #597422234 (©Emmeewhite), #748171846 (©Pixelz Studio), #422723320 (©Lyudmyla Kharlamova), #1494683378 (©handriwork), S. 130: #1725608683 (©FotoHelin), S. 133: #751474441 (©Merla), S. 135: #789160543 (©Antonio Guillem)

**Blume des Lebens auf S. 72/73 und Labyrinth auf S. 121:** Anna Katharina Berg, Schirner